LA MAIN INVISIBLE

Jacques Athanase Gilbert

LA MAIN INVISIBLE

Roman

LE PASSEUR
Cecofop

20, rue du Calvaire
44000 Nantes

ISBN : 2-907913-74-3

à Nadia et Jean Lévêque

Prologue

Spem in alium nunquam habui... Qui sait ce dont il s'agit? Autant de déploraisons ou d'espoirs. De quoi? En quoi? Il est difficile de le dire. Peut-être de cet automne (ou en cet automne) qui s'avance d'octobre en novembre, encore une fois. Je lève ma tête pour regarder les arbres rouge et jaune vif. Par terre, les feuilles mortes masquent les arêtes des trottoirs et donnent ainsi à la rue grise et mouillée encore de la dernière pluie, une géographie incertaine. Géographie incertaine en taches rouge vif, orange et jaune, qui bientôt pourriront sur place ou plus sûrement seront balayées par le service de nettoyage. Ainsi cette petite introduction académique ornée d'un chiasme inutile est chassée par la voiture-balai comme un lieu commun par un autre toujours plus commun, à tel point qu'il finit par se fondre avec le gris de la route. Si commun qu'il est aussi le mien comme celui de chacun, de tout le monde sans exception. Mais l'automne sera toujours automnal et mélancolique. On peut jurer que le conducteur de la voiture-balai en sentira tout le spleen derrière son essuie-glace quand il lui faudra rassembler et pousser ces amas de matière organique en décomposition devant lui, puis les avaler et ensuite vider le contenu des réservoirs dans des tombereaux. Il lui tardera alors de rentrer à la maison pour manger chaud. Peut-être avant de rentrer chez lui sera-t-il obligé de passer par le supermarché, près de la sortie de la ville, à quelques rues de chez lui, de sortir de sa voiture sous une pluie battante pour retrouver le carreau lisse et sali des traces multiples des clients du magasin, serpenter au milieu des rayons pour choisir ce dont il a besoin.

Sa femme le lui a demandé ce samedi matin, s'il avait le temps, ce serait bien, c'est ce qu'elle lui a dit quand il est parti, il avait juste démarré sa voiture, elle est sortie de la maison encore en robe de chambre. Elle est restée sur le seuil quelques instants, se détachant dans l'embrasure de la porte. Une silhouette courbe, elle était appuyée contre le chambranle. Elle l'a regardé s'éloigner.

Il s'est enfoncé dans le flot automobile, s'est fondu dans la densité. Il a fallu forcer le passage car à cet endroit les voitures vont vite. C'est tout un réseau de machines qui tracent ainsi des lignes mortelles. Les pâtés de maisons sont enserrés au milieu des tracés de circulation. Des masses inertes. Partout, il y a des nœuds et des intersections, des droites et des courbes, des spirales, toutes les formes y sont recensées. La vie s'y distribue en tout sens. Surtout à la périphérie. Les supermarchés s'y sont installés, parmi les bretelles d'autoroute et les voies rapides. On virevolte et on se retrouve sur le parking ! Ce sont de petites villes en soi et on y trouve tout ce dont on a besoin. Le centre commercial est construit comme un labyrinthe accueillant qui reproduit les structures urbaines. Tout est conçu pour optimiser la meilleure distribution des marchandises et des hommes. Il suffit de pousser son chariot dans les galeries, de passer des portillons, des *checkpoints*. L'organisme se trouve à son tour distribué, il ondule entre les protéines, les lipides et les glucides qui, à chaque fois, s'incarnent dans une matière particulière. Toutes les fonctions sont là réunies : alimentation, transit, excrétion.

La carte des vaisseaux se superpose. Le sang circule et il n'est pas besoin d'un doppler pour entendre son délicat frottement. Une pulsion régulière qui s'accélère un peu quand survient l'émoi du rabais inespéré.

C'est déprimant de n'être personne de particulier et pourtant cela nous guette chaque jour, à chaque instant. Le matin, je m'éveille, le jour passe et la nuit m'environne. Qui ne peut en dire autant ? Je me trouve ici, en ce lieu, mais ce ne sont que les limites de ma peau. Est-ce suffisant ? Les choses s'accumulent et jamais n'arrivent au plus petit degré de sens.

Nous proférons des paroles, elles nous enveloppent déjà avant que nous les ayons dites. Toutes les voix possèdent leur propre prosodie, leurs hésitations, leurs silences, leurs interruptions. Je me dis : « Je suis ce qui advient quand la parole prend forme entre ces interruptions, le moment précis où la parole s'incarne, sans être encore dans une chair particulière, frémissante et palpitante. »

Tous les hommes disent la même chose car ils parlent par la même voix. Leur état biologique, leur histoire sont distincts et singuliers, mais il ne faut pas s'y tromper, tous sont pris dans le mouvement. Le vertige est au fond ce qu'il y a de plus humain en l'homme. Tout près du bord ! À la limite de l'évanouissement, juste le sentiment d'être quelque chose qui bascule ! Cela dure un instant ! Seules nos humeurs nous différencient. Ce n'est pas la même chose d'être un jeune homme, ou d'avoir dix, vingt ans de plus. Mais ces différences n'ont pas, au bout du compte, tellement d'importance, même s'il est vrai que les hommes leur en accordent beaucoup. La pression du désir sexuel n'est probablement pas la même, les humeurs du corps sont plus ou moins fluides et agissantes et les rêves ne se dirigent pas exactement dans la même direction, mais cela n'a rien de personnel, car chaque homme acquiert peu à peu le sentiment de sa finitude et de son épuisement. Ce sont des distinctions purement accidentelles qui n'entament en rien la pensée.

La vie ressemble à une histoire, qui ressemble à une série dans laquelle l'ordre importe moins que la présence d'un certain nombre d'éléments, sans lesquels elle serait incomplète.

Ainsi, rien ne peut m'échapper, non pas parce que je vois tout, en fait, je ne vois rien. Si je distingue quelque chose de particulier, c'est pour la seule raison que je m'adonne un instant à la vue elle-même.

Il y aurait ainsi une voix qui serait toutes les voix, non pas parce qu'elle serait chacune d'elle, mais au contraire parce que les voix personnelles ne pourraient jamais accéder à la parole sans emprunter ses inflexions.

Supermarché

Je suis arrêté, immobile, près de mon chariot, un samedi après-midi, pendant que les gens - mais bien sûr chacun est un individu, je ne dénie à personne ce droit - les gens donc, passent devant moi, ils circulent et s'arrêtent un court moment devant les étalages pour observer les paquets de spaghettis, les marques de café, ils observent les prix et calculent, car tous, aussi insignifiants qu'ils soient, tous sont capables de maximiser. L'opération est simple et elle maintient debout l'homo erectus qui se demande encore pourquoi il s'est redressé. Réponse: parce qu'un homo economicus doit pouvoir regarder les gondoles. Il a fallu se maintenir debout quelques dizaines de milliers d'années dans cette attitude inconfortable sans en percevoir la finalité, attendre encore quelques milliers d'années dans une situation des plus empiriques pour qu'un anglais méticuleux pousse sa peine jusqu'à en faire l'unité de toute mesure. Au nom de l'intérêt bien compris de chacun, il est permis de maximiser. L'opération est simple me disais-je: il faut tenir compte de ce que j'ai dans la poche, c'est une façon de parler, deuxièmement, observer les prix qui me sont proposés, troisièmement, et c'est là que réside toute la difficulté, évaluer la dimension de mon désir. Voilà: je maximise, le tout sur un espace propre et balisé, sur lequel on peut se déplacer à vitesse constante comme n'importe quel corps. Cela dit, pour le moment, je suis absolument immobile et je regarde les gens qui circulent devant moi. Tout le monde semble être là et bien que je ne puisse identifier quiconque, il me semble bien que c'est la même foule que toujours, celle que je connais bien car dans mes cauchemars elle est toujours aussi insaisissable. *Turba ! Clamaverunt rursum omnes dicentes : Non hunc sed...* Mais si je crois entendre une clameur, ici, ce n'est que par mégarde.

Chaque homo economicus optimise et maximise en toute bonne conscience, avec peut-être quelque petite inquiétude quant à son taux de cholestérol ou un petit serrement au niveau de la ceinture. Cela lui fait penser que ce pantalon n'est décidément pas aussi seyant qu'on aurait bien voulu le croire il y a quelque temps encore. Mais sans doute un effet passager et, s'il y a relâchement du ventre, c'est parce qu'il a bu une théière entière et que les muscles de l'estomac prennent tout à coup dans ses pensées, une importance tout à fait particulière, sans réelle proportion avec l'événement. Il y a quelques heures encore, il se serait imaginé une sorte de ballon de foot abstrait, vaguement tordu, maintenant cela évoque plutôt le sac à provisions qui lui aussi se tord et se gonfle sous la pression des emballages en forme de parallélépipèdes rectangles. Jusqu'à la nausée, ou plutôt... c'est une sorte de remontée acide le long de l'œsophage, elle laisse une traînée chaude au goût vaguement amer. Toujours la comédie de la satiété qui tourne mal. À la caisse on vend des chewing-gums, ils donnent à l'haleine une forte odeur mentholée et sature immédiatement l'odorat de tout interlocuteur.

Mais, comme la Pythie sur son puits sulfureux, je ne bouge toujours pas, j'attends l'oracle, et c'est quelque chose de rester immobile dans un supermarché alors que tout le monde se déplace autour de moi en tous sens. En tous sens, c'est un peu exagéré car chacun connaît le circuit, même s'il y a quelques variantes. Je commence avec les bouteilles d'eau en pack, un regard sur les whiskies — certainement en raison d'un goût prononcé pour l'étymologie et aussi pour la saveur de fumée des distillations de l'île de Skye, ou d'Islay à la rigueur —, le vin, les jus de fruits, les bières, ensuite la viande blanche; pintades, poulets, coquelets, le tout en lipides polyinsaturés, le steak haché en vrac à 15 % ou au détail à 5 %.

Qu'y a-t-il dedans ? Je ne lis pas les étiquettes parce qu'elles sont grasses. Le dégoût devant la charcuterie et aussi pour la file d'attente devant ; les gens finissent par ressembler à ce qu'ils mangent, et le pâté de poisson, de ce point de vue, n'est pas forcément un progrès ; ensuite la droguerie et l'hygiène… l'hygiène des machines également, avec les sels de toutes sortes qui font briller l'inox… mais aussi des acides pour déboucher éviers et lavabos. Des cotons tiges par millions, sont emportés par les canalisations et croisent les saumons dans les rivières, pour finir dans les fosses les plus profondes de l'océan sous forme de bâtonnets non biodégradables, près des résidus d'éponges plastique, de conditionnements de shampoings, de crèmes dépilatoires, de liquide aseptique, de débouche-wc. Cela ressemble à un rêve ou à une description de poissons dans *Vingt mille lieux sous les mers.*

Dans ce rêve il est très désagréable de rencontrer des têtes connues et c'est en même temps inévitable. L'inévitable est le familier. Il y a des amis de supermarché et de la famille de supermarché, mais jamais d'ennemis de supermarché, ni même quoi que ce soit qui y ressemble de près ou de loin aussi curieux que cela puisse paraître. En fait, ce lieu est dépourvu d'hostilité. Comment pourrait-il en être autrement alors que chacun est enfermé dans ses préoccupations les plus pressantes, une liste des courses à la main ? Si on se bat, c'est pour les prix bas ! L'enseigne le clame. C'est son slogan et ce pourrait être celui de tous. Moi-même, qui évite le plus souvent les autres hommes, je me retrouve dans la cohue. Autant que chacun, j'en suis un organe et ma réticence ne change rien à l'affaire. Ces heures de transit me rattachent à la communauté des humains. Malgré mes stratégies d'esquivement, je suis précipité contre eux, hommes ou femmes, sans distinction. Même ceux qu'on évite ne sont pas aussi évitables que cela et il peut très bien arriver que l'on tombe dessus littéralement, chariot contre chariot, en choc frontal. On se reconnaît! Alors il faut s'y faire car il n'est pas possible de dire ceci: Bonjour! Il est vraiment regrettable que nous nous rencontrions aujourd'hui, mais ne vous inquiétez pas, pas plus que vous - je le lis dans vos yeux — je n'ai envie de vous parler. Et faire mine de ne pas vous voir, j'y ai pensé, n'était guère possible, vu que votre chariot était presque en face du mien, entre le rayon des fromages râpés et celui des yaourts. Mais je propose que nous en restions là. Etc. La formule est longue, il est vrai, et il serait peut-être préférable d'échanger de fades nouvelles mais je suis sûr que si on pouvait lui substituer un sigle, il conviendrait. Cela donnerait: B! I.E.V.R.Q.N.N.R.A.M.N.V.I.P.P.P.Q.V.J.L.L.D.V.Y.J.N.A.E .D.V.P.E.F.M.D.N.P.V.V.J.Y.A.P.N.E.G.P.V.Q.V.C.E.P.E.F. D.M.E.L.R.D.F.R.E.C.D.Y.M.J.P.Q.N.E.R.U.E. Il faudrait trouver un moyen économe qui encoderait la réalité en sigles. Il y aurait des sigles de sigles et le monde entier pourrait tenir en quelques lettres! J'y renonce car le sigle serait imprononçable (en aucune langue connue à moins que je ne m'obstine à dégager quelques phonèmes informes, du genre: « bieurk! knramnu ippk... »).

Il serait préférable qu'un léger froncement de sourcils ait prévenu la situation, ce serait peut-être encore trop car nos trajectoires semblaient tellement prédéterminées que la rencontre était réellement inévitable.

Rien de tel. Sur le tard, le corps indéfini qui se déplace à vitesse constante sur un plan carrelé n'est plus qu'une vision de l'esprit, il me faut me faufiler et éviter les obstacles, tout n'est alors plus qu'accélération et subtil ralentissement.

Pour le moment je suis absolument immobile, comme avant l'oracle. Rien encore n'est dit, rien n'est arrivé, rien ne va arriver. Tout reste suspendu à une parole qui ne vient pas, rien ne peut l'obliger. Personne ne sait d'ailleurs que cette parole va venir, que sa possibilité est ouverte. Moi-même, je me pose la question au moment où tous ces gens, préalablement désignés, circulent en tous sens autour de moi. Mon immobilité m'arrache peu à peu à ce qui ressemble de moins en moins à un lieu vivable. Une femme en tête de gondole tient une petite corbeille avec des échantillons mais elle semble mal à l'aise. Elle apostrophe maladroitement les gens qui la côtoient de près et même quelquefois la touchent presque avec leurs chariots. Ils perçoivent sa gêne qui est très visible. Elle fronce les sourcils très légèrement, elle plisse le front, à peine. Les muscles autour de sa bouche sont tendus. On dirait quelqu'un qui un ulcère à l'estomac ou peut-être des hémorroïdes ou autre chose encore, qui le sait ? Cela ne donne pas envie de prendre des échantillons. Alors elle fronce les sourcils et plisse le front, encore. Sa mâchoire alourdie devient plus rigide et les mots qu'elle prononce semblent eux aussi plus difficilement articulés, comme des sigles où il y aurait trop peu de voyelles.

Personne ne prend ses échantillons. Quelqu'un a laissé son chariot devant elle, alors elle le pousse sur le côté pour se dégager, mais c'est un geste étrange que je ne peux me figurer, un geste fantomatique et vide, celui du névrosé qui rejoue pour la centième fois la scène fatale, celui qui reste pour toujours ancré en lui, à la fois sa douleur et ce à quoi il tient le plus. Ici pourtant, ce n'était qu'un geste d'ordre – repousser un chariot qui gênait – mais je l'ai regardée avec attention et je me dis que c'est quelque chose que je n'aurais pas dû voir. Elle me regarde maintenant. Elle me regarde la regarder et si elle cherche la moindre connivence elle se trompe car l'oracle n'est pas de connivence avec quiconque ni quoi que ce soit. Je ne figure pour rien au monde dans ce mode de fabrication et de circulation des marchandises. Je préférerais ne pas devoir manger du tout. Je suis seulement fatigué et je m'appuie sur mon chariot comme s'il s'agissait d'une petite voiture à pédales. D'un coup de pied je me dirige vers les pèse-légumes. Je pose ma main de toutes mes forces : 14 kg maximum, c'est un modèle spécial, on peut y poser une noisette décortiquée ou un potiron géant. Je maximise à ma façon. Je dois reconnaître que l'espace est intéressant. Les forces me manquent et mes bras sont trop lourds pour moi, je me plie sur mon chariot.

Il me vient à l'esprit qu'il y a un rapport curieux entre l'hôpital et le supermarché. Tous deux sont éclairés de lumière blanche et pavés de carreaux grand format, blancs et lisses, hygiéniques. On y déplace des articles sur des chariots de métal avec des roulettes caoutchoutées grises. Les déplacements, bien que conçus soigneusement par des esprits parfaitement rationnels, y sont finalement assez imprévisibles. Ils tracent des figures régulières et répétitives que personne ne voit jamais, car personne ne s'arrête. Dans tous les cas, il y a de l'empressement dans le déplacement des articles (items), qu'il s'agisse de côtelettes juste débitées ou d'un corps pantelant qu'on mène au bloc. Mais l'analogie est, bien entendu, exagérée, car on naît et on meurt à l'hôpital. Le supermarché reste un espace intermédiaire, de transit, on ne naît pas et ne meurt pas au supermarché, on y achète de la nourriture et des produits d'entretien, liés aux fonctions d'excrétion ou au nettoyage des salissures. Toutes les étapes intermédiaires de la vie. C'est le règne du crédit, chacun avec sa carte et son code secret. Bientôt il suffira de poser son doigt sur une plaque lectrice qui reconnaîtra le dessin des empreintes et transmettra, via l'épiderme, un signal électrique et, de notre corps sera décompté, non pas une livre de chair, mais quelques octets baladeurs emmagasinés dans les replis de notre graisse, dans nos tissus osseux.

Nous sommes tous noyés dans l'intelligence. Je me dis : « Peut-être qu'en passant à la caisse je deviens enfin singulier. » À dire vrai, rien ne ressemble plus à un chariot plein qu'un autre chariot plein. Un tas, dénombrable sans doute, mais est-il question ici de dénombrer ?

L'oracle

L'oracle se manifeste sous la forme d'une improbable rencontre. Je dois admettre que ce n'est pas sans scepticisme que j'ai dû m'y résoudre mais, malgré ma perplexité, je retourne les éléments dans tous les sens, il ne me paraît pas y avoir d'échappatoire. Œdipe croit que l'oracle commence au moment où il est prononcé et il prend le chemin inverse, celui qui va à l'encontre de son destin, mais c'est ainsi qu'il accomplit son destin car, pour l'oracle, il n'y a pas d'avant ni d'après, ni même peut-être de naissance ni de mort.

Il s'agit d'une conjonction.

En fin de parcours, j'arrive près du rayon bricolage. Je passe devant les perceuses à percussion, les ponceuses, les meuleuses, les scies circulaires, égoïnes à moteur, sauteuses enfin, avec mouvement pendulaire pour attaquer le bois sous un angle plus favorable. Je contourne les tournevis électriques, visseuses-dévisseuses. J'arrive au rayon culture. Des monceaux de cassettes vidéo, des dessins animés américains des années soixante, du porno-soft à regarder en famille. Plus loin les best-sellers, les guides du vin. *Comment se faire une cave? Les grands crus de Bordeaux*. Les livres de recettes. Les romans féminins. Des histoires de princesses enlevées, de cavalières renversées, de ménagères détournées, lesquelles sont ensuite restituées, déversées, retournées. Devant le rayon musique, je m'attarde un moment. Il y a dans le supermarché un rayon de disques où sont brassés dans un relatif désordre tous les genres musicaux. Le représentant, qui passe une fois par semaine doit y remettre un peu d'ordre de temps en temps. Les Miles Davis rejoignent le bac jazz, les classiques sont assez identifiables: des maquettes moches avec des guirlandes autour de tableaux au format timbre-poste, pour que les responsables de rayon puissent les reconnaître, si bien que les « splendeurs du baroque », les « adagios du millénaire », « les remixes d'Hildegard von Bingen », les « Karajan complete gold collection special price unit » et les « trois barytons légers », s'y trouvent à peu près tous rassemblés. Les responsables du magasin n'ont pas trop de difficultés à renouveler le stock de disques de pop ou de rap, du moins ceux qui partent par dizaines chaque semaine avec une jolie fille vêtue d'une robe si tendue qu'on aperçoit nettement la forme du nombril légèrement éversé. Cet ennuyeux travail de rangement n'est pas perdu pour tout le monde et finit même par conférer à son responsable une certaine connaissance musicale qui aboutit quelques années plus tard à la responsabilité de chef de rayon.

Cela n'explique pas pourquoi se trouvent côte à côte deux disques particuliers : le *Spem in alium* de Thomas Tallis et le *Quattro pezzi per orchestra ; ciascuno su una nota sola* de Giacinto Scelsi. En l'occurrence, l'oracle ne se prononcera en rien sur le hasard de la rencontre, il ne dira rien sur un quelconque arrêt du destin, il est lui-même arrêt, il constate la forme en place : voilà !

Je dois dire que je reste éberlué quelques instants. Ma stupeur est absolument indiscernable et n'altère en rien ce qui se passe autour de moi. Quelle main a pu placer ces deux articles en haut du rayon, au-dessus des disques de musiques de film ? Le bac classique est plein et même en serrant, on ne pourrait en faire entrer un de plus... Alors ils sont au-dessus, voilà tout ! Un représentant indélicat les a refilés au magasin en prétextant qu'ils avaient obtenu une distinction internationale ; en fait il a collé un ou deux macarons de revues spécialisées et s'est débarrassé de ses invendus.

Spem in alium... de Thomas Tallis, une sorte de morceau de bravoure avec un nombre de voix presque jamais atteint, quarante parties pour une sorte de record.

Les voix se superposent et se mêlent dans un étrange rapport d'imitation qui devient très rapidement inintelligible. Des voix d'enfants, de jeunes garçons, d'hommes... Peu à peu l'espace semble tout entier occupé, comme des lignes sinueuses qui se traceraient des chemins encore jamais exactement parcourus, jusqu'au moment où la totalité s'oblitère. Il n'est pas possible de reconnaître les voix. Elles finissent par se morceler à l'extrême, ou même, par ne plus produire qu'une énorme clameur à l'ambitus, invraisemblable, elle commence quelque part dans les entrailles pour s'achever au plus clair de la voix de tête dans une étrange résonance avec la voûte de pierre.

Ensuite, les quatre pièces pour orchestre de Scelsi, *chacune sur une seule note*. Il ne s'agit plus exactement de note mais de son. Un amas de sons sans que jamais exactement la note puisse se différencier. L'orchestre profère ainsi ce qui ne ressemble pas à une clameur mais à un souffle...

Pourtant, le rapport de l'un à l'autre, de l'un au tout est un véritable problème musical, il n'est peut-être réellement manifeste qu'en musique. L'étrange chez Tallis est qu'il ait eu l'idée d'obstruer tout à fait l'espace ; chaque voix individuelle dit la grandeur de Dieu et l'espoir en lui, elle participe à la réalisation de cette trame où la réalité cachée des choses finit par se prendre. La trame du trajet des hommes...

Le son au contraire dans la musique de Scelsi marque la fin de toute voix distincte. Rien ne s'oppose plus à ma voix et pourtant je ne suis pas seul, aucune clameur, rien que ce souffle qui me porte. Musique impersonnelle pour des hommes qui ne sont plus personne exactement. La perte de la différence. Ce que je pense, tous le pensent. Je croyais être arrêté et tous le sont à cet instant, car les mouvements se décomposent en fragments si infimes qu'il y a un moment où personne ne bouge.

Voilà donc l'oracle : il y a un moment — le terme me gêne, il faudrait dire une conjonction — où la totalité des mouvements, des parcours, des décisions individuelles, se résorbent en quelque chose d'absolument indifférencié. Cela est indéfinissable, cela prend la forme d'un souffle épais, semblable aux vagues d'air sec que le système de chauffage propulse dans le magasin. Par-ci, par-là, surgissent des panels de vies inentamées qui restent disponibles pour combler les failles de la réalité. Je n'imagine pas que ce qui a été pensé ne soit pas immédiatement - et il faut comprendre - *immédiatement* de la façon la plus immédiate, c'est-à-dire : sans aucune médiation.

Le pouvoir de l'oracle est tel. Ce qu'il dit est effectif - ne devient pas effectif - mais l'a été depuis l'instant même où la question a été posée. Divergences et points de rencontre sont tranchés par une parole tranchante.

Les conséquences sont incalculables : il n'y a plus d'autre voix que la mienne, plus d'autre regard, plus de prochain, plus d'assassin et de victime, plus d'associé, plus de mari et de femme, plus d'amour et de haine. Il y a de l'Un qui maximise sans allégresse au milieu des corn flakes, des huiles de tournesol, des éponges double face, des abats, des shampoings pour bébé. C'est à ce moment que je conçois l'idée du crime. Un seul crime pour sauver… Pour sauver quoi ? Que dire exactement ? Pour que sauver puisse signifier quelque chose… Je n'ai d'espoir qu'en toi, *Spem in alium nunquam habui…*

Crime

Dans le supermarché un crime a été commis avec un éplucheur du type le plus commun, c'est-à-dire en acier inox, avec un manche en plastique noir légèrement granuleux pour éviter qu'il ne glisse. Le coup a été donné en plein cœur d'un geste sûr. On pense que l'éplucheur a été enfoncé avec la paume de la main et qu'il a fallu porter une pression d'environ 75 kg au centimètre carré, ce qui, vu la relative minceur de la lame, n'a pas dû poser trop de problème à quiconque est capable de tenir un éplucheur sans se blesser. Le coup a été très bien placé, le « maître de l'éplucheur » - c'est le nom que lui a donné un jeune magasinier qui passe ses week-ends à déjouer de bien plus terribles adversaires aux jeux de rôles - connaissait assez bien l'anatomie du corps humain pour frapper du premier coup en plein cœur. La mort a été absolument instantanée. L'homme s'est effondré à quelques mètres du conducteur de la voiture-balai qui semblait assez perplexe devant un amoncellement de sauces tomate, plus ou moins italiennes de nom, avec ou sans viande. Tout à coup, il s'est dit : « Tiens ! C'est assez appétissant, ce rouge de tomate fraîche. » Et, au moment même où il allait choisir une sauce très bon marché, sans épices, sans viande, et sans aucun autre condiment, en fait, une simple boîte de tomates pelées qu'il s'est imaginé faire réduire dans une petite casserole à feu doux, il a entendu quelqu'un s'effondrer à deux pas de lui et il s'est dit instantanément, sans avoir eu le temps de réfléchir : « Sans viande c'est mieux. » Immédiatement il s'est repris de cette incongruité, il s'est approché de l'homme étendu sur le dos, l'œil vitreux, il a vu alors l'éplucheur à légumes planté en plein cœur, et le sang qui coulait en un bruit presque imperceptible, d'une jolie couleur de fruit frais. La suite est extrêmement rapide, elle prend quelques instants. Dans un des bureaux, un policier est en train de discuter avec un jeune stagiaire qui sort d'une école de commerce de renom. Le policier vient presque tous les jours, c'est un îlotier, son domaine correspond pratiquement aux dimensions du parking. Il assure la sécurité des biens et des personnes. Pour chaque objet acheté, l'État prélève une taxe qui constitue sa quote-part ; elle fait partie intégrante de l'objet puisqu'elle garantit la pérennité de sa consommation. Aussi étrange que cela puisse paraître, les derniers espaces réellement publics sont les parkings des supermarchés. La sécurité y est absolue, les vols inexistants. Aucun risque de se voir proposer un tract quelconque. L'îlotier veille en permanence. La direction a proposé au commissariat de sponsoriser son uniforme mais le refus a été catégorique. L'îlotier vient chaque matin au supermarché vérifier s'il n'y a pas eu de problèmes : carte bleue volée, chapardage mineur. Il prend le pouls du service de surveillance, boit un café. Il bavarde un peu avec un stagiaire et quand quelqu'un entre pour annoncer le crime, il dit : « Ne laissez sortir personne et relevez les cartes d'identité », « et les tickets de caisse » ajoute aussitôt le jeune homme d'un ton enjoué qui paraît assez peu en rapport avec la situation.

Le commissaire est prévenu par téléphone, il arrive au bout de dix minutes et constate que le protocole adéquat fonctionne. Le directeur est énervé, il a peur que son chiffre d'affaires soit mauvais pour la journée. La tension des flux supposent qu'on puisse assurer un minimum de circulation aux caisses. Pour le moment tout est bloqué. Les caissières sont à leur poste, elles ne bougent pas. Ce sont des femmes et elles gardent les portes du temple, des vestales aux blouses bleues rayées de blanc, qui rentrent le soir chez elles éreintées après avoir accompli toute la journée des gestes de dispersion et de recueil avec sérieux et attention. Pour le moment elles semblent extatiques.

Le directeur du supermarché a préféré laisser le stagiaire avec le commissaire. Le jeune homme a l'air efficace et on ne peut décidément s'entendre avec un commissaire qui refuse le moindre don. Après tout, le commissariat n'est rien d'autre qu'un prestataire de services, comme n'importe quel autre. On vient de privatiser les services de nettoyages urbains, l'électricité va suivre, pourquoi pas la loi ? À l'ère des fours autonettoyants, des piles solaires rechargeables, on devrait pouvoir concevoir des objets capables d'assurer leur propre sécurité.

Un store est baissé qui filtre légèrement la lumière toujours aussi blafarde du magasin. Les deux hommes sont assis. Le commissaire, un homme d'une bonne quarantaine, se comporte comme s'il avait un chapeau mou sur la tête alors qu'en fait il porte un costume presque neuf en flanelle grise et des chaussures noires très bien cirées. Dans un réflexe de commisération le jeune homme lui a proposé un bourbon de la meilleure qualité mais le commissaire lui a demandé s'il avait de l'eau gazeuse et a presque rempli le verre avec. Le jeune homme, sans broncher, s'est sans doute interrogé sur la dilution des archétypes, quelques images du *Continental Op* lui revenant à l'esprit, mais comme délavées au karcher à bulles. Il a commencé à parler :

— Vous savez, un crime comme celui-ci peut avoir été commis par n'importe qui…

— Certes, n'importe qui est capable de tenir un éplucheur, mais qui connaît exactement l'emplacement du cœur ?

— N'importe qui peut connaître l'emplacement du cœur, il suffit de se renseigner.

— Vous plaisantez ! Avec une telle précision, la lame de l'éplucheur se fiche forcément en plein milieu de l'oreillette droite.

— Nous vendons ici un atlas du corps humain en carton

dépliable qui indique au centimètre près la place du cœur chez un individu de sexe masculin normalement constitué. Il y a l'échelle en plus.

— Enfin ! Vous croyez vraiment qu'on peut s'approcher de quelqu'un et lui planter comme cela n'importe quel machin avec une précision de trois centimètres ? Vous vendez aussi des doubles décimètres, j'imagine !

— Je maintiens ce que je vous ai dit : « N'importe qui peut avoir commis ce crime et c'est pour cette raison que je vous propose mes services pour procéder à une enquête qui utilise les moyens statistiques. »

— Il ne faut pas nous prendre pour des demeurés ! Nous savons utiliser des fichiers et faire des recoupements. Cela fait même partie de l'enseignement de base de l'enquêteur...

— Non bien sûr, je ne voulais pas vous offenser. Voilà, c'est simple, nos caisses enregistreuses fonctionnent avec un système de lecture optique. Il lit les petits code-barres sur tous les produits, autrement, il faut taper sur le clavier une série de chiffres... C'est un système très pratique qui permet d'accélérer le débit de chaque caisse de manière significative, à tel point que le client va aujourd'hui moins vite que la caissière, alors qu'avant il était souvent obligé d'attendre. Il y a un autre intérêt, c'est que chaque produit est répertorié à l'unité près. Nos caisses sont reliées à un ordinateur qui centralise toutes les données, il permet pratiquement une gestion des stocks en temps réel. Cela permet de travailler en tension maximale, pratiquement à la boîte de petits pois près. Tout est relié par réseau à une centrale d'achats qui revend les informations aux fournisseurs, analyse les tendances du marché, scrute les prévisions météo, s'informe des orientations diplomatiques. Au moment de la dernière coupe du monde de foot on a mis le paquet sur les mélanges salés. Certains événements sont plus troublants, on a décelé une concomitance presque parfaite entre la courbe de popularité du chancelier allemand et la consommation des noix de cajou.

Une autre information est également fournie par les caisses: nous pouvons savoir ce qu'il y a dans chaque chariot... C'est d'ailleurs là que j'interviens, je suis en train de tester un logiciel sur lequel je travaille depuis plusieurs mois, qui permet d'analyser le contenu des chariots. Il est en effet assez intéressant de sonder le panier de la ménagère. On peut, par exemple, cerner l'environnement d'achat d'un produit donné: quels autres articles voisinent avec tel produit particulier? Il faut savoir que l'ordre dans lequel le client vide son chariot n'est pas totalement aléatoire, il obéit plus ou moins à une loi de voisinage, laquelle peut être d'ailleurs pondérée par le fait que ce qui est fragile se trouvera plus facilement au-dessus. L'information est précieuse, on peut connaître le trajet dans le magasin, voir s'il correspond aux modèles que nous avons envisagés. On peut même essayer de discerner des tendances plus obscures, plus diffuses... J'ai tout un jeu de profils que j'ai réalisés; il a fallu dégager de la masse des données des formes aux entours instables...

– Vous allez sans doute m'apprendre que l'éplucheur en inox côtoie sournoisement au fond du chariot un filet de carottes et un sac de pommes de terre!

– Vous croyez peut-être que je suis disposé à faire arrêter tous les clients qui franchissent la caisse avec des carottes et des pommes de terre sans éplucheur! Pas du tout, c'est simplement une aide à la décision. Je vous propose d'abandonner un moment votre attachement atavique au plus simple des déterminismes. Savez-vous que les chariots où figurent des éplucheurs contiennent deux fois sur dix une passoire à thé? Et cinq fois sur dix des ampoules électriques...

– Parce que c'est juste à côté?

– Exactement ! Et six fois sur dix des crèmes dépilatoires…

– Vous savez, pour ma part, je suis plutôt adepte de la forme. Je crois à la logique des choses. En quelque sorte, ce dernier exemple me plaît : l'éplucheur à légumes et la crème dépilatoire, c'est déjà tout un programme ! Pas comme symbole, bien sûr ! D'ailleurs, à y regarder de près, les symboles, cela ne marche jamais ! Je dirais plutôt que rien n'est factuel, les analogies n'ont aucun sens : soit les choses sont ce qu'elles sont, soit elles sont autre chose et, dans ce cas, il n'y a rien de particulier à constater. Je suis plus intéressé par les métonymies, des formes qu'on retrouverait un peu partout, des structures agissantes. Dans la querelle des universaux, je prends partie pour ceux qui pensent que l'effectivité n'altère ni n'ajoute grand chose à la réalité essentielle.

– Je ne vous suis pas bien… Le mobile en quelque sorte, vous choisissez le mobile ? Vous voulez absolument rejouer l'acte de naissance du crime et méprisez les recoupements… Comment croyez-vous que nous opérons pour identifier une erreur de gestion… ?

– Je n'y connais rien, mais ici il ne s'agit pas d'une erreur…

– Une occurrence malencontreuse…

– Il n'y a pas d'occurrence malencontreuse. Je suis réaliste. Vous connaissez l'école de Salamanque ?

– Comment cela ?

– Suarez ! Ce nom ne vous dit rien ? Il appartient à l'école de Salamanque, il défend la thèse selon laquelle l'effectivité d'une chose n'apporte rien de plus à sa réalité essentielle, c'est pourquoi on le qualifie de réaliste. Si on veut simplifier à l'extrême, on peut l'opposer à Occam, un franciscain anglais du XIVe siècle qui refuse d'obliger Dieu à respecter ses propres règles. Il s'en suit que nous sommes contraints à ne considérer que des singularités, des faits, des choses effectives que nous entassons... Exactement votre cas !

– Excusez-moi si je trouve vos modèles un peu archaïques. La méthode que je vous propose devrait pourtant vous convenir, commissaire !

– Pas du tout. Les recoupements sont interminables et soumis à l'arbitraire. Si jamais on trouve quelque chose, cela n'a aucun sens.

– Mais un processeur est aujourd'hui capable de réaliser 3 000 000 000 d'opérations par seconde.

– Sans doute, mais en dernière instance, la réalité vous échappe, vous ne saurez jamais exactement ce qu'est un crime : vous aurez une rencontre fortuite de deux éléments en un même lieu, un organisme mû par un cœur palpitant et un éplucheur à légumes en inox avec un manche en plastique noir. Y a-t-il même quelque chose qui soit un crime ? La rencontre possède par elle-même un intérêt non négligeable, vous ne pouvez aucunement l'inférer des niveaux d'organisation inférieurs. En fait j'irai même plus loin ; rien de singulier n'arrive qui puisse véritablement être pensé, c'est pour cette raison qu'aucun crime ne peut rester non élucidé sans que le monde n'en soit transformé. Tout événement est adhésion à l'intelligence. Voilà ce que j'appellerais une forme agissante...

Pour le commissaire, la question se pose en ces termes : « Y a-t-il dans ce magasin – mais on pourrait tout aussi bien dire dans le monde – une personne singulière capable d'accomplir cet acte singulier : le crime ? » Cette question se décompose ainsi : « Y a-t-il une personne singulière, y a-t-il un acte singulier ? Est-il fortuit ? Ne naît-il pas instantanément de la rencontre des deux singularités "cœur" et "éplucheur à légumes" elles-mêmes connectées à deux autres ensembles singuliers et mouvants : un corps humain et une main douée d'une certaine force qui était orientée dans une certaine direction, et hop ! Seul le hasard réunit l'impondérable ! Mais qui remarque le hasard ? »

À en croire le jeune homme, cette singularité existe mais elle reste indéterminée et relativement inassignable. On essaiera pourtant de la faire entrer dans un « profil ». Tout peut entrer dans un profil. Comment quelque chose pourrait-il totalement échapper aux rets lentement tissés... ? L'honneur de la profession est en cause ! Qui accepterait encore de payer plus cher pour une tête de gondole ? L'espace deviendrait brutalement insignifiant ! Il n'est rien que les statisticiens redoutent plus que le hasard. Ils le sondent jusqu'au moment où ils réalisent avec horreur que chaque singularité est vraiment singulière, que le monde n'existe pas, l'effritement, l'informe... Ce qu'ils ont toujours cherché en fait... Comme un moustique qui tourne autour d'une flamme jusqu'au moment où il s'y brûle les ailes. Les statisticiens sont les acrobates du hasard, ils s'approchent au plus près de son insignifiance en évitant à chaque fois d'y tomber, mais le gouffre les fascine. Quand au fait brut et isolé, ils le regardent comme un insondable mystère, digne d'être révéré, une pierre tombée dans le jardin, la Ka'bah !

Le commissaire propose alors une solution qui paraît absolument contraire à toute déontologie : la densité humaine dans le supermarché finit par produire à un moment donné une conjonction particulière, une sorte de mouvement convulsif de l'espace qui aboutit obligatoirement à la présence de la pointe de l'éplucheur dans un cœur humain. Autrement dit : Tous sont coupables, non pas potentiellement, mais réellement coupables, car celui qui tient le manche de l'éplucheur n'est que l'instrument d'une effectivité dérisoire. C'est comme une sorte de pression qui s'exercerait en tous points jusqu'à ce que quelque chose se produise. La résonance du monde se résorbe en un point.

Reste à déterminer pourquoi et comment la forme se précipite, en d'autres termes, identifier l'instrument.

Le tour de la conversation a plongé le stagiaire dans le plus grand scepticisme. Soit le commissaire le bluffe, soit il est complètement fêlé. Il savait que les théoriciens new-age sévissaient chez les consultants mais pas dans l'administration policière. Pourtant, un modèle, quel qu'il soit, est toujours opératoire d'une certaine façon. Il connaissait un « oracle boursier » qui gérait un fonds commun de placements en s'aidant du tarot de Marseille et les résultats étaient excellents. Chaque modèle doit avoir sa chance.

– Excusez-moi encore commissaire mais, le cadavre lui, est bien singulier ?

– Pas pour longtemps. Quand les vers auront fait leur boulot ! Vous connaissez l'Ecclésiaste ! En fait, au moment de mourir, il a basculé dans la singularité. Cela dure très peu de temps. Dès que le cadavre est refroidi, tout est fini.

– Mais l'instrument, comme vous dites, c'est bien quelqu'un ! Il a fallu qu'on tienne le manche !

– Il a fallu une main ! Exactement ! C'est cela même que j'appelle l'instrument !

C'est à ce moment qu'entre dans la salle obscure et enfumée, comme témoin principal, le conducteur de la voiture-balai. On l'a trouvé près du cadavre en train de ramasser des nouilles dispersées. C'est le commissaire qui commence à parler :

– Vous avez vu quelque chose ?

– Il gisait là dans son sang, la figure tournée sur le côté, la joue sur le carrelage avec… Avec le truc planté. Et le sang faisait un petit bruit.

– Quel petit bruit ?

– Comme quand on laisse le robinet ouvert ?

C'est le jeune homme qui pose cette dernière question.

– Non, c'était vraiment un petit bruit.

Le commissaire n'insiste pas, bien qu'une image sonore se présente à son esprit, celle d'une lance d'arrosage mal vissée, il y a effectivement un très petit bruit mais comment le sang peut-il faire un petit bruit ? Le cœur d'un mort ne bat plus et puis le sang, c'est un peu épais, même vite gluant…

Il enchaîne :

– Vous avez vu l'assassin ?

Le jeune homme précise la question.

– Il y a bien eu un assassin ?

La question lui semble ridicule en même temps qu'il la pose. Quoi d'autre vraiment !

– J'ai vu l'homme par terre, près des nouilles et même au milieu, car il y avait un paquet de renversé à côté.

– Vous avez remarqué ce détail et pas la présence de l'assassin ? (C'est le commissaire qui parle.)

– Vous savez, je ramasse les feuilles et c'est l'habitude sans doute, je ne supporte pas de voir les choses traîner par terre, et puis c'était des nouilles à potage en forme de lettres, cela m'a distrait.

– Vous êtes jovial, vous, et heureux de caractère ! (Toujours le commissaire.)

– Non, ne le croyez pas, je suis distrait, mais cela n'a pas de rapport avec le crime. Les nouilles dans le sang, cela me faisait penser au potage à la tomate.

– Et vous connaissez cette sorte de nouilles ? (Le jeune homme semble s'être définitivement tu et effacé devant l'enquêteur.)

– Oui, je les achète pour les enfants, ça les incite à lire.

– Vraiment ?

– Oui, ils jouent au scrabble avec.

– Dans la soupe ?

– Non à côté de l'assiette...

– Ça suffit ! Vous n'avez vu personne ? Vous ne l'avez pas vu tomber ?

– Vous croyez qu'on regarde les gens !

– Et vous connaissez le défunt ?

– Oui, ça, je le connaissais. C'était l'amant de ma femme !

Le visage du commissaire est à ce moment particulièrement inexpressif et le jeune homme retient à grand-peine son envie de rire. Pendant que le commissaire continue la discussion qui, il faut l'avouer, prend maintenant le forme d'un interrogatoire serré, il regarde la liste des courses du conducteur de la voiture-balai : une passoire, un peu grande pour une passoire à thé, plutôt une passoire à légumes ou pour on ne sait quel usage, deux ampoules électriques à baïonnette de 60 W encore dans leur blister, mais pas d'éplucheur à légumes ! Il y a aussi 1 kg de carottes et un filet de 5 kg de pommes de terre...

Le conducteur de la voiture-balai

Comme on dit, quand on n'a pas de réponse, le problème reste ouvert. Le fait divers apparaît le lendemain dans les journaux avec un gros titre: « Il a tué l'amant de sa femme », et il me semble bien reconnaître en effet le visage du conducteur de la voiture-balai. Son visage hébété qui regarde vers l'appareil photographique parce qu'il n'a pas l'habitude de détourner le regard. Au contraire, il regarde vers la lumière. C'est juste au moment où le flash se déclenche qu'il réalise avec surprise qu'il vient d'être pris. L'article relate les faits, décline l'identité du défunt et, curieusement, glisse progressivement vers une sorte de défense du conducteur de la voiture-balai. Le journaliste qui ne se préoccupe guère de cohérence prend le parti de l'accusé qui « clame son innocence » et « nie d'un bloc » toute participation au crime même avec l'aide d'une tierce personne...

Son visage reste pour moi fondamentalement l'inaperçu, celui dont j'ai à peine soupçonné la configuration derrière le pare-brise étroit. Sauf qu'un jour, je ne m'en souviens pas réellement - mais maintenant que j'y pense - cela ressemble terriblement à un souvenir... sauf qu'un jour - je disais donc - il s'est arrêté et a ouvert sa portière pour parler à un employé de la voirie. Ils ont discuté quelques minutes, juste devant ma fenêtre, celle-là même qui se trouve devant mon bureau. Mon store de papier japonais est pratiquement toujours baissé car je préfère la lumière opaque et blanche à celle plus drue qui se réfléchit sur les objets. Ce jour-là pourtant, le store était remonté et, alors que je levais les yeux de mon clavier, car il m'arrive de lever les yeux de mon clavier pour contempler l'écran opaque et blanc du store, j'ai vu le visage de l'homme et sa petite moustache sombre et étroite dont l'orientation particulière, était-ce l'effet de l'ombre, évoquait pour moi immédiatement quelque chose. Si j'essaie de m'en souvenir aujourd'hui, rien ne revient. Il n'y avait pas d'intermédiaire entre cette sensation et moi. Cette immédiateté même interdit aujourd'hui tout rappel. Je ne peux m'empêcher d'éprouver un mouvement de sympathie pour cet homme qui est désormais retenu prisonnier, coupé des siens et qui voit sa femme adultère à la fois privée d'amant et de mari.

Spem in alium... En qui d'autre espérer, sinon toi Seigneur qui m'a sauvé... Et pourtant, je ne saurais me déprendre de cette mélancolie persistante devant ce spectacle répétitif de ma fenêtre, éclairée par le soleil du matin qui traverse péniblement une masse nuageuse informe. Elle redistribue les rayons lumineux en tous sens, si bien qu'aucune ombre n'apparaît ; mais les passants semblent se soucier comme d'une guigne de cette malédiction, ils regardent à leurs pieds des amas de feuilles fraîchement tombées que personne n'a jugé utile de ramasser. Il faut dire que le vent ne souffle guère aujourd'hui. Il a même plu un peu et les feuilles collées sont toujours au sol. Le bourdonnement de la voiture-balai ne s'est pas fait entendre ce matin et je crois bien que les passants s'arrêtent pour discuter du temps et surtout commenter l'extraordinaire nouvelle qui s'est répandue avec la régularité d'une onde hertzienne jusqu'aux confins de l'univers : on a arrêté le criminel du supermarché. Un conducteur de voiture-balai assassine l'amant de sa femme avec un éplucheur à légumes.

Un destin d'épluchure ! Il est bien difficile de sortir de son milieu et encore plus d'échapper à ce qu'on pourrait désigner sous le terme de « lapsus social ». « Un libraire tue l'amant de sa concubine avec un coupe-papier en bronze alors qu'il compulsait un incunable. Lui qui pensait conspuer un importun et enconner sa colombine, quelle ne fut pas sa surprise en découvrant le dol ! » Voilà qui aurait convaincu et fait un titre magnifique : « Un destin d'épluchure ! » Ce n'est pas mal non plus !

L'homme clame son innocence, évidemment, mais qui n'est pas innocent ? Le psychiatre est passé et a déclaré : c'est un taré. On ne contredit pas une sommité, surtout quand elle s'exprime avec autant d'autorité. Le gardien se tient un peu plus à carreau, quand même !

L'homme est prostré dans sa cellule et il marmonne toujours la même chose. Il refuse de s'alimenter. L'innocence est toujours un peu plus difficile à vivre que la culpabilité. En effet, quand celle-ci est admise, on se sent pour ainsi dire déculpabilisé. C'est d'ailleurs bien le problème ! Quand on libère un ex-coupable qui se sent déculpabilisé, il ne craint pas de recommencer, alors qu'un innocent lui, se sent coupable, et ne peut jamais être réellement déculpabilisé, puisqu'au fond, il refuse d'accepter sa culpabilité. Le directeur de la prison relit avec attention et aussi sans doute un brin de perplexité le rapport du psychiatre qui manie la dialectique avec une habileté quasi-lacanienne. Mais bien sûr le directeur n'en sait rien car il n'a jamais lu une seule ligne de Lacan dont il ignore d'ailleurs jusqu'à l'existence. Il écrit rapidement un ordre qu'il adresse au service compétent en précisant que le prisonnier doit s'alimenter mais que, comme il est atteint d'une tare qu'on ne saurait désigner expressément, il faudra, s'il persiste, penser à lui faire une perfusion. Une pensée lui traverse l'esprit : et s'il allait lui parler ? Mais que lui dirait-il ? Et puis il n'y a rien de tel que ces monomaniaques de l'innocence qui ont très peu de conversation.

Le stagiaire/l'entretien de recrutement

« Est-il possible d'accomplir des actes absolument singuliers ? Sans doute, mais ne restent-ils pas inaperçus ? »

Ainsi commence le mémoire du stagiaire ou à peu de choses près, ce sont des phrases qu'il a recopiées en exergue pour faire bien et un peu philosophique. C'est plutôt bien vu dans le commerce, un petit bout de saint Thomas d'Aquin par-ci ou d'Anselme de Cantorbéry par-là. Depuis qu'il a lu *Le Nom de la Rose*, il adore les citations en latin sans la traduction. Il n'est plus aussi souvent dans le supermarché et partage son temps entre son bureau et le magasin mais reste stagiaire, comme si cet état transitoire lui convenait. Peut-on être essentiellement stagiaire ou seulement par accident ? Son professeur de droit, à l'École, avait un jour expliqué qu'ester en justice venait du verbe latin stare, qui signifie « se tenir debout », car il ne peut exister de droit assis ou couché. Il avait mentionné, en passant, le terme improbable de stage qui désigne à la fois la station debout et le caractère passager de la vie. On reste debout, immobile, mais on n'arrête aucunement le cours des choses.

En fait, il travaille depuis quelques mois dans une entreprise de production et de distribution, un puissant consortium dont les activités s'étendent des vêtements en fibres creuses aux implants en silicone en passant par le conditionnement sous vide des truffes du Périgord, un procédé révolutionnaire mis au point par un chimiste slovène des environs de Slonj. Il est depuis quatre mois dans ce supermarché, qui fait partie du groupe, pour analyser le contenu du panier de la ménagère. Si le stage se passe bien, il peut espérer un poste intéressant d'ici un an, peut-être moins. Sa spécialisation en ingénierie stochastique, appliquée à la résistance des comportements, lui a ouvert les portes de la grande distribution. Au moment du recrutement il a été question de manière fortuite de l'aide précieuse fournie à la police pour l'arrestation d'un criminel, ce qui nous laisse penser que, malgré ses méthodes peu orthodoxes, le commissaire n'était pas chien. Il a reconnu l'aide, non-négligeable, que le stagiaire lui avait apportée. Le commissaire a pensé que le jeune homme, par sa seule présence, et peut-être aussi grâce au bourbon, a contribué à la précipitation formelle qui lui a permis d'arrêter le criminel après trois quarts d'heure d'enquête. Le ticket de caisse est arrivé quelques minutes après, trop tard évidemment, mais le commissaire n'aime pas humilier ceux qui lui ont procuré une discussion agréable, alors il a déclaré à la presse que cette arrestation avait été grandement facilitée, ce sont ses termes, par les recherches d'un jeune stagiaire, etc.

Au moment de l'entretien, une des personnes présentes – il s'agissait en fait de celle qui détenait effectivement le pouvoir de décision – a évoqué cet événement. Comment avait-il fait le rapport ? D'où tenait-il cette information ? Le stagiaire se l'est demandé un instant, toutefois il n'était pas question de s'interroger pour le moment, mais bien de répondre. Il a failli dire qu'il n'était pour rien dans cette arrestation et que d'ailleurs la culpabilité de l'accusé n'était pas établie avec certitude, que le procès était en cours d'instruction, et bien d'autres choses… Mais la manière dont la question était posée ne laissait guère de doute, ce n'était pas ce qu'on attendait de lui à ce moment. Pas de fausse humilité ! On n'est pas dans une séance d'autocritique. Et la fausse modestie, quelle prétention finalement ! On est au-dessus de ça, voyons ! Ce n'est pas ce qu'on attend de vous, il faut être content de soi. Voilà ce que les autres attendent. La véritable modestie exige un minimum de prétention, sans quoi elle ne vaut rien. Il a répondu qu'il avait juste présenté au commissaire quelques observations en rapport avec ses recherches et que ces éléments avaient aidé le policier à découvrir l'identité du criminel. Il s'est senti, à cet instant, aussi confortablement installé dans son fauteuil qu'une gaufre qui scrute son moule.

– À partir d'un ticket de caisse ? De la liste des courses ?

C'est extraordinaire comme le simple fait de poser les questions rend intelligent. Là encore, la fonction crée l'organe ; en pensant cela, il se demande quel peut bien être l'organe des questions. À dire vrai, les hommes qui se tenaient en face de lui semblaient assez communément constitués, sans qu'aucun organe superfétatoire n'apparaisse. Les costumes trois pièces étaient irréprochables et la chair molle et pâle du cou surgissait comme une sorte de miracle flétri. Il répond :

– Oui Monsieur, j'avais élaboré un certain nombre de profils et justement j'étais en train de travailler sur cette question à cette époque, quand l'événement s'est produit.

– Si je vous fournissais la liste de mes courses, vous pourriez définir mon profil ?

– Non monsieur, cela ne fonctionne pas comme un thème astral (il s'est un instant, en le disant, mordu les lèvres de cette réponse impertinente, mentalement cela s'entend, bien qu'il lui paraisse avoir amorcé un petit mouvement d'avancement des dents du haut...), il s'agirait tout au plus de voir si votre liste de commissions présente des analogies avec un certain nombres de profils...

– Des profils types ?

– Pas exactement, ils restent ouverts. Il y a des chariots plus probables que d'autres et même des familles de chariots probables. Il s'agit plutôt de structures modulables qui font intervenir une quantité indéterminée d'éléments, en relation ou en opposition. En fait, l'arborescence des classements est plutôt rhizomatique, on y accède par des mots-clés sans pouvoir exactement discerner la structure d'ensemble. On pourrait peut-être parler de profils dynamiques, en constante évolution. Chaque nouveau profil modifie la réalité tout entière mais de manière assez peu importante. La comparaison la plus adaptée serait celle d'un corps en train de se transformer. La peau est la même et pourtant ce qu'elle limite n'est pas toujours exactement identique et, comme la peau n'est pas réellement extensible, cela signifie qu'en fait, ce n'est pas la même peau dont il s'agit. Pourtant, à y regarder de près, chacun reconnaît les plis et les rides de sa propre peau, ce qu'on nomme communément son vieillissement.

Le questionneur ne semblait pas perturbé par le caractère pour le moins abscons de la réponse et il se contenta d'un :

– Par exemple ?

– J'avais remarqué qu'il était très rare de trouver, dans un même chariot, des rillettes d'oie et du saumon fumé, bien que les deux produits soient placés tout près l'un de l'autre, dans la même gondole frigorifique. Curieusement, l'apparition de harengs marinés en bocaux, dans le même rayon, ce sont des demi-conserves, a fait disparaître l'alternative, sans que pourtant une corrélation particulière soit apparue avec la consommation de saumon ou de rillettes.

L'homme parut satisfait de la réponse. Il réfléchit un instant et dit :

– Avec toutes les données en temps réel, nous pourrions prévoir...

– Si la question est de savoir si on peut répondre instantanément à une demande instantanée, il n'y a pas de doute, c'est oui. Cela suppose que nous soyons capables de fabriquer ce qui est attendu presque à l'instant où la demande émerge. C'est envisageable pour un certain nombre de prestations. Si la question est de savoir si on peut interpréter un afflux colossal de données, il est plus difficile de répondre. Une approche simplement statistique est intéressante mais en quelque sorte elle se contente de transformer le passé le plus immédiat en présent. Elle n'augure absolument de rien. Dégager des tendances est plutôt risqué quand tout devient volatil, on peut croiser des données par millions, mais la recherche est coûteuse et on a toujours un temps de retard. Ce qu'il faudrait faire, et c'est le sens de ma recherche, c'est essayer de dégager des formes agissantes à partir d'échantillons réduits, mettre en évidence le moment où la forme se produit elle-même. Pour cela il me suffit de très peu de données, presque rien. Je scrute la courbe pour en considérer l'orientation. Mes profils sont tellement dynamiques qu'au moment même où je les conçois, je peux affirmer qu'ils n'existent pas encore.

– Cela ressemble beaucoup à une séance de tarot.

– D'une certaine façon oui, je préfère un peu la comparaison avec le tirage du Yi-Qing, sauf que mon réservoir de formes est inépuisable et que, pour le moment, j'en contrôle le déchiffrement avec un droit d'exclusivité.

– Comment cela ?

– Et bien c'est simple, j'ai fabriqué un petit programme graphique capable de…

– Oui ?

– Je peux vous faire une démonstration mais je ne pense pas pouvoir vous l'expliquer.

L'homme toisait maintenant le stagiaire avec l'œil de l'évaluateur de risque. D'un point de vue strictement épistémologique il faut bien reconnaître que la démarche n'avait rien de rigoureux et qu'elle cumulait l'incertitude de la méthode empiriste et celle d'une certaine superstition de joueur. Une martingale. Ce jeune homme avait-il mis la main sur une série gagnante ? La modicité de ses exigences méritait effectivement qu'on se hasarde un peu.

Un coffret de carton

Aujourd'hui plus que jamais je m'interroge. Ce travail que j'ai entrepris m'épuise peu à peu. Je ne suis plus maintenant dans ma première jeunesse et les années semblent avoir passé comme dans un rêve, tandis que derrière ma fenêtre, j'ai continué à noircir des feuilles de papier, à accumuler des bandes enregistrées, des photocopies, des manuscrits et mille autres choses, plus ou moins utiles, qui finissent par encombrer mon bureau à tel point qu'il devient difficile d'y entrer sans écraser ou bousculer une pile de livres ou de feuilles. J'ai entrepris, il y a maintenant si longtemps, un travail qui, à mesure que je progresse, me paraît de plus en plus inaccessible tant j'y ai fait entrer toute ma vie. Il s'est enflé d'une manière imprévisible, m'orientant dans des directions que je n'avais pas soupçonnées et qui, aujourd'hui, me paraissent presque inavouables tant elles m'ont éloigné du sujet originel. Pourtant je sais, je sais profondément, avec ma plus intime conviction, que je me tiens au cœur du sujet, mais ceci qui voudra l'entendre ?

Mon éditeur, à qui j'ai envoyé les premiers chapitres, s'étonne que je tarde tant avant d'aborder ce qui avait fait l'objet de notre projet et de notre accord. Le mot n'apparaît pas dans la lettre, mais je sens bien que, derrière toute ce langage plein de précaution, perce le rappel d'un contrat, qui s'est fait pour moi, dans des conditions extrêmement favorables. Il a beaucoup apprécié, c'est ce qu'il écrit, le chapitre sur les chants diphoniques mongols et tuva, il espère que je serai aussi disert sur Palestrina.

J'imagine que cet article lui semble tout à fait inutile et, qu'au contraire, il aimerait beaucoup que j'en vienne au fait. Il attend un ouvrage sur la polyphonie, des origines à nos jours, mais l'origine ne doit pas prendre le pas sur ce qui est le sujet. Pour ma part, je considère que le sujet n'est rien d'autre que l'origine, mais visiblement il voit les choses d'une autre manière car, si l'origine doit être prise en considération, elle ne saurait, pour lui, se substituer au sujet qui est à la fois, la forme, le thème de l'ouvrage ainsi que sa destination.

J'ai commencé ma réponse en expliquant que dans les langues anciennes, le grec ou le sanskrit par exemple, le duel était un genre à part et il ne fallait pas s'étonner si, après une présentation de la monodie et, avant d'aborder la polyphonie proprement dit, je devais consacrer un chapitre au chant diphonique (la diphonie est une diffraction), tant il me paraissait correspondre à une catégorie particulière, inassimilable en tout cas à toute organisation polyphonique. De même qu'une discussion à deux tient encore un peu du monologue, comme si les paroles qu'on échange ainsi constituaient une catégorie particulière, un enroulement. Je me souviens que ma mère disait : il faut être trois pour qu'une famille soit une vraie famille. Le téléphone le démontre, ou une promenade, quand deux personnes se parlent : elles ne se regardent pas et ce qu'elles disent s'élabore sans signes visuels d'interruption ou de prise de parole qui se manifestent dès que trois personnes sont en jeu. De ce point de vue, le genre du quatuor est une sorte d'acrobatie, car quatre voix s'articulent et se suivent au plus près (je pense au second quatuor d'Eliott Carter mais ne le cite pas). Comment savoir que quelqu'un va parler, quels sont les signes qui montrent l'impatience ? L'amour d'un homme et d'une femme se tient dans les préliminaires de l'amour où nulle organisation n'est nécessaire car, s'ils ne sont pas réellement une seule chair, ce dont je doute absolument, du moins sont-ils un seul rythme. Les perversions sadiennes sont des perversions, parce qu'elles organisent, presque mécaniquement, selon un rythme commun, ce qui doit rester un prologue non mesuré, qui sait séduire, sans forcer l'attention, mais plutôt l'acclimater, comme on s'habitue à la tiédeur d'un corps ami. De ceci je ne peux pas parler, je me suis contenté de joindre à ma lettre un enregistrement de D. Armalugaleg.

Je n'ai pas encore reçu de réponse, mais je crains que mes préoccupations ne soient pas partagées, je n'ai pas de fax, je n'en veux pas, je ne réponds pas au téléphone. J'ai acheté au supermarché un petit répondeur sur lequel j'ai enregistré un message très court et maladroit. Je préfère marcher en forêt et fouler les feuilles mortes qui commencent à se transformer en humus par broyage. C'est tout un travail organique, que je constate à chacune de mes sorties. J'écoute le bruit que cela fait. À dire vrai, je pense être le seul, car je ne rencontre jamais personne, sauf un ramasseur de champignons qui arpente les mêmes espaces. Nous nous sommes parlés une fois. Il m'a montré son panier et sa cueillette. Il y a des coulemelles dans les environs. D'énormes champignons tachetés. Je lui ai parlé des feuilles mortes qui couvrent tout le sol. Elles commencent à pourrir et se coller de boue dans l'humidité ambiante; il a convenu que le sol en était jonché, puis il m'a parlé des arbres autour desquels on trouve les champignons, il a continué sa route en sifflotant un air que je connaissais et que, pourtant, je ne me souvenais plus exactement avoir entendu. J'ai sorti mon carnet et je l'ai noté avec la mention du lieu et de la date. Il était un peu faux mais ces délicates altérations m'ont été agréables dans l'air vif du matin. Je n'ai pas vu de champignons, j'en ai déduit qu'il les avait tous ramassés.

Cela a commencé avec un article que j'avais intitulé: « *Polyphonie et hétérophonie.* » Ce fut le premier article de ma bibliographie officielle, celle que je reconnaissais il y a encore peu de temps. Tout ce qui précède est voué aux limbes de l'immaturité. Il était question de comparer la musique byzantine et la musique polyphonique de la première Renaissance. Je croyais être original parce que je développais, sur un minuscule secteur, des thèses qui, je le sais maintenant, ne sont rien d'autre que la suffisance de la culture ouest-européenne, je ne dis même pas européenne. J'affirmais, sans ambages, que seule la culture de l'Europe s'est réellement intéressée à la polyphonie, excepté quelques exemples primitifs. Le reste n'étant qu'hétérophonie...

Ceci m'avait valu une réponse, très documentée mais pas dépourvue d'alacrité, d'un professeur sarde qui m'avait écrit d'un village du centre de l'île. Comment avait-il pu lire mon article? Cela m'avait beaucoup surpris. Je ne pensais pas qu'une publication aussi confidentielle que le *Bulletin* pût être lue au-delà de limites qui me semblaient très étroites, pourtant je savais qu'un certain nombre d'universités étrangères le recevaient. La qualité de son français m'avait impressionné même si j'y avais reconnu quelques tournures peu idiomatiques qui détonnaient dans l'ensemble. Je ne lui ai jamais répondu, mais j'ai conservé sa lettre, bien rangée, dans un dossier classé sur lequel j'ai écrit au feutre noir: Chant des îles de l'ouest de la Méditerranée. Je la conserve car, bien que je n'aie jamais pris la peine de lui écrire, je me suis servi de ses arguments sans jamais révéler mes sources. J'ai modifié mes positions de manière insensible, à force de précautions sans fins, et je dirais que, désormais, toute la teneur de mon ouvrage tient dans ces précautions.

Aujourd'hui je poursuis ce vain projet d'écrire une gigantesque histoire de la polyphonie, en cinq volumes brochés, dans une collection de prestige - consécration d'une vie sans objet. Projet stupide et vénal car je ne comprends plus ce que peut signifier une histoire de la polyphonie. Plus j'y pense, plus cela me paraît insurmontable. Le crayon me tombe littéralement des mains. Je regarde par la fenêtre : la rue est déserte. Les autos passent vite et le bruit de leur moteur s'estompe rapidement. J'imagine mon nom de famille devenir un nom commun, le nom d'un objet. Un coffret de carton dans lequel sont rangés cinq volumes de mon *histoire de la polyphonie*. Une somme, une référence, qui figurera sur les étagères des bibliothèques universitaires ou encore municipales dans des villes de plus de 200 000 habitants, ou encore chez quelque lettré, mélomane ou musicien. Peut-être un chef de chœur amateur recevra-t-il un jour de Noël un beau paquet enveloppé de papier rouge. Son œil s'éclairera un instant, il embrassera sa femme, ses beaux-parents, ses enfants, posera le coffret sur un buffet. Les livres y resteront, scellés dans leur odeur de papier neuf.

C'est à cela que j'aurai consacré la plupart des années de ma vie.

J'ai commencé mes recherches sur la polyphonie à une époque de solitude insupportable. Les bruits de la rue montaient, j'ouvrais la fenêtre et je restais un moment saisi par le froid et les bruits de la circulation, les paroles des gens qui se perdaient en éclats, immédiatement dispersées. Je notais ces éclats sur un carnet. J'allumais la radio et me préparais des céréales avec du lait. Les céréales et le lait passaient dans mon œsophage et je sentais la fraîcheur de cette nourriture saine me rafraîchir progressivement l'intérieur du corps jusqu'au moment où ma chaleur faisait disparaître cette sensation d'extériorité qui s'immisçait dans mon système digestif. Je regardais les nuages et dans le gris sans contour, je cherchais des formes fugitives. « Tu ne liras pas dans les nuages », mais regarder le ciel n'est-ce pas lire déjà, à moins que le gris du ciel ne soit empreint de ce caractère indistinct qui ressemble à un lavis rincé à grande eau, et encore… Peu à peu le désordre s'accumulait autour de moi car je n'avais aucune vie sociale, j'habitais dans une grande ville à l'époque et je n'aimais pas trop mettre le nez dehors, même pour aller acheter du pain, je ressentais comme des vertiges, je rasais les murs en laissant juste ce qu'il fallait d'air entre les murs et moi pour qu'ils ne me ralentissent pas, ou peut-être, plus simplement, pour ne pas m'écorcher les mains. C'est à cette époque que je conçus l'idée de ce travail sur la polyphonie et que je commençais à entreprendre mes lectures. Un jour je pris une feuille et je traçai quelques traits dans tous les sens, en veillant à ce que chaque trait soit indépendant de celui qui précédait. Il m'apparut rapidement qu'indépendant n'était pas exactement le mot qu'il fallait. « Contraire » était plus juste. Dans un espace donné rien ne peut être indépendant. Le seul fait de se trouver là signifie quelque chose.

Un autre jour, je pris une feuille et j'écrivis à gauche : solipsisme, à droite : polyphonie. Ce fut tout pendant un mois peut-être. Ces deux mots en haut de la page. Il ne pouvait évidemment pas y avoir de polypsisme. Les racines grecques et romaines ne font pas bon ménage.

Je sortais dans la rue pour regarder de quoi avaient l'air les gens emmitouflés dans leurs manteaux d'hiver. La saison s'était avancée sans que j'y pense et on voyait chacun se presser à faire ses affaires en poussant devant lui son haleine comme une petite nuée bientôt dispersée. Les gens se tenaient cois dans leurs voitures, au feu rouge, le regard perdu. Les piétons que je croisais, avaient eux, la peau saisie par le froid, rétractée et couverte de plaques rouges. Je crois qu'un homme qui marche se fait déjà une idée de ce qu'est la polyphonie car ses semelles traînent sur le sol, tour à tour, et il calcule de loin comment il pourra éviter ceux qui viennent à sa rencontre. J'ai aimé le froid car la rue était enfin vidée. Cette année-là, les températures étaient exceptionnellement basses. Le matin, je graissais les semelles de mes chaussures pour que la neige et la glace ne les brûlent pas trop et je partais pour un moment. La ville était presque immobilisée, les voitures ne circulaient pas, ou très peu, tant la chaussée était glissante et on pouvait enfin marcher sans avoir l'air d'aller quelque part. Comme aujourd'hui, quand je vais marcher dans le bois aux champignons. Les rues semblaient plus larges. On n'imagine pas à quel point les voitures les rétrécissent ! Le froid est salutaire. S'il fait chaud, les gens sortent, et rapidement l'espace est obstrué au point qu'il devient bientôt impossible de se le représenter et il ne reste plus qu'à invoquer la foule ; un unique cri comme dans les passions de Bach quand chacun se met à crier Barabbas !

J'ai fait installer un double vitrage de qualité pour m'isoler de la rue. L'espace est devenu hostile et je ne vois plus passer le matin la voiture-balai car je ne l'entends plus venir. Il est rare que je lève les yeux. J'attends la nuit pour ouvrir la fenêtre. La ville est maintenant truffée de petits haut-parleurs sertis dans du métal comme des diffuseurs de gaz toxique et, à longueur de journée, on entend de la musique dans les rues commerçantes que plus personne n'habite. Aucun gaz ne semble sortir de ces petites boîtes en forme de parallélépipède mais les cerveaux sont peu à peu rongés et ramollis. À ce moment, je me dis que mon travail doit être fait avant que chacun ne soit définitivement terré chez lui, cerné au plus près par les réseaux des automobiles qui tracent des lignes mortelles et qui l'enserrent, mais aussi par les papiers qu'on reçoit dans sa boîte aux lettres et qu'il faut jeter tous les matins, car cela ne sert à rien d'écrire pour protester, tout est déposé anonymement par des gens qui ne vous connaissent pas, qui ne veulent pas connaître votre nom car la boîte aux lettres n'est pour eux en rien semblable à une adresse, c'est une poubelle qu'on remplit régulièrement d'informations malodorantes.

Depuis que j'habite ici, j'observe l'envahissement progressif des rues par des objets nouveaux: poubelles métalliques, horodateurs... Les pavés du trottoir sont fabriqués avec une sorte d'agglomérat de graviers concassés et de ciment. L'aspect en est gris et sale. Les chewing-gums se collent dessus et laissent une empreinte noirâtre. Ce sont de pavés octogonaux, moulés et vendus par milliers, par centaine de milliers pour équiper les rues piétonnières des villes moyennes, des quartiers périphériques. Ils donnent ainsi à des cités entières l'aspect d'un vaste supermarché. Il ne manque plus que des chariots dans les rues et l'illusion sera complète.

Le stagiaire/Le fond des chariots

Le stagiaire contemplait le parking. La journée tirait vers sa fin. Il allait bientôt quitter le supermarché mais il n'éprouvait aucun regret. Les magasiniers commençaient le rangement pour le lendemain matin. En une demi-heure, tout s'était vidé. Le sol était jonché de détritus, d'emballages déchirés. Le plaisir de consommer n'attend pas ! 80 % des mélanges télévision et 68 % des barres chocolatées étaient mangés sur place. Pourtant, ce n'était pas la faim qui forçait ces masses pressantes à pousser leurs chariots sur les parkings bondés, puis sur le carrelage lisse et clair des galeries commerciales, mais quelque chose de beaucoup plus insidieux, qui comportait sa dose de fatigue et même sa mélancolie d'animal triste, quand il fallait vider le chariot dans le coffre de la voiture, presque honteusement car l'ordre et l'abondance des rayonnages laissaient la place à une sorte de mélange : les boîtes de cassoulet se pressaient sur les fraises, dans leurs barquettes cellophanées, écrasant des poires trop mûres qui commençaient à arroser de leur jus tous le reste des courses. Ce qu'aurait pu produire un estomac, à quelque chose près, l'acide en moins et encore ! Le stagiaire s'était tenu à son poste d'observation. Il avait observé. Le projet qu'il avait concocté reposait sur la détermination de profils de consommation. Code-barres et scanner s'avéraient être de précieux outils d'analyse. On pouvait maintenant reconnaître un client avant même qu'il n'ait proposé sa carte, simplement par recoupement du contenu de ses différents chariots. Le taux de reconnaissance était supérieur à 60 %. Il progressait tous les jours. Évidemment, il était difficile d'identifier l'habitué s'il vient juste acheter quelques vis ou une barre de porte, mais, en considérant seulement les chariots pleins, le taux montait à presque 82 %. Déjà on réussissait à gérer les stocks au plus juste, mais il fallait maintenant traquer le fond des chariots pour y sonder ce qui, jusqu'à ce moment-là, était resté fondamentalement inaperçu. Et c'était ce grand travail qu'entreprenait le stagiaire qui avait vu s'ouvrir devant lui toutes les portes automatiques du supermarché. Le projet était de s'affranchir progressivement de l'incertitude des analogies pour pouvoir identifier des phénomènes absolument singuliers. Il cherchait une méthode qualitative. Certaines choses résistent à la mesure et ce qu'on aimerait c'est, à un moment, pouvoir dire : voilà ! C'est cela ! La forme se livre alors. L'ange ne cherche pas la vierge parmi d'autres femmes, il la reconnaît sans avoir à la connaître.

En fait, le stagiaire faisait absolument ce qu'il voulait, avec la bonne volonté évidente du directeur des ventes qui pensait trouver, en plus, un confident pour ses affaires personnelles. Il avait en effet un fils qui se demandait quelle orientation il allait choisir, une maîtresse encombrante qui appelait de temps en temps au magasin et il était plaisant de la faire lanterner, ce dont le stagiaire s'occupait avec un soin méticuleux de la gradation. « Il est juste à côté, un instant je l'appelle... » Ce qu'appréciait le directeur, c'était cet art extraordinaire du contretemps « je ne sais pas comment vous vous y prenez mais vous réussissez à la faire attendre, à tel point que je commence à me demander si elle ne téléphone pas pour vous à la fin ». Le stagiaire savait à ce moment-là s'effacer et tourner quelque chose à la manière des moralistes français et le directeur, flatté, revenait sur un projet qu'il avait à cœur. « Vous savez, ce supermarché manque un peu d'âme, ces légumes, ces boîtes, il y a quelque chose de déprimant à force. » Le directeur savait-il exactement ce qu'il voulait ? Un peu d'aventure sans doute, mais ce serait difficile. Le stagiaire s'était promené dans les rayonnages après la fermeture du magasin. Tout un monde s'y agitait pour remettre en ordre ce que la journée avait dérangé. Ce qui le frappait le plus, c'était que ces articles à la portée de tous, manuellement cela s'entend, restaient en fin de journée comme inaltérés, comme si leur existence restait en quelque sorte indépendante de ces manipulations incessantes auxquels ils étaient soumis. Tous étaient cellophanés, recouverts d'une fine ou plus épaisse couche de plastique. La viande, les éponges, les livres même. Les empreintes des gens ne s'inscrivaient pas sur le plastique transparent. Il aurait été intéressant de poser un peu de poudre pour voir combien de doigts avaient manipulé tel article, bien net sur son rayon. L'idéal était que seul l'acheteur touchât ce qu'il prenait. C'était peut-être le cas. Il s'approcha de couverts en acier inoxydable, prit une petite cuillère, se rappelant la phrase de S. Giedion, selon laquelle une petite cuillère peut aussi bien refléter le monde que n'importe quel objet et, de fait, sa face convexe lui sembla très propre, exempte de toute trace d'origine humaine. Le monde s'y reflétait réellement avec ses tubes fluorescents, ses rayonnages blancs et lui-même, mais à peine reconnaissable. Le soir dans son bureau, il ramassa ses notes avec un peu de mélancolie. Qu'avait-il appris aujourd'hui ? Que l'oisiveté nous réunit et nous sépare. Ce n'était évidemment pas la faim qui poussait les gens à venir ici mais quelque chose de bien plus mystérieux qu'il fallait déterminer. L'enjeu était de taille car, si on savait, on pouvait pratiquement faire ce qu'on voulait avec. Avec quoi ? Avec cette énergie qui, dirigée et captée, pouvait s'avérer extraordinairement productive. La consommation est un peu comme une drogue : elle s'engendre elle-même sans cesse et sa finalité demeure dans tous les cas une énigme. Tout au plus peut-on la saisir sur le vol. Autrement dit, la taxer pendant qu'elle se meut car cette énergie est absolument impossible à arrêter. On ne peut en saisir que le mouvement.

Cela le rendait un peu morose, il ne pouvait s'empêcher de penser à l'animal triste postcoïtum. Sans aucune raison. Si, il y avait l'oisiveté, l'ennui de soi…

Le chant de l'oubli

Commencer par la monodie n'est peut-être pas une très bonne chose car, à y penser, il n'est pas certain que la monodie, l'Un, soit le véritable commencement de la polyphonie. L'Un mène à l'Un et les détours sur un chemin ne sont jamais que ce même chemin. Je reviens en arrière, j'oublie ce que je cherchais, je repasse au même endroit mais à aucun moment il n'est question de multiplicité. Même si j'oublie qui je suis, cela ne fait rien. Même si je me souviens de celui que j'étais et que je ne suis plus, peu importe. Il n'y a jamais personne qui me détourne de mon unicité. Si quelqu'un croise mon chemin, je fais comme Œdipe : je le tue !

Passer de un à deux est déjà difficile. Quand je cesse de parler, ce sont les silences de l'autre qui s'imposent à moi. La réciproque est également valable. Elle me disait : « Pourquoi ne dis-tu rien ? » Je m'enferrais alors dans un mutisme lourd et pénible qui était, à n'en point douter, le mien et celui de nul autre. Les bruits du frigo, le robinet qui gouttait étaient également miens. Je me levais pour serrer le robinet mais le silence alors se creusait et je me sentais encore plus mis à nu. J'aurais voulu ne pas respirer, ne pas bouger, ne pas froisser l'étoffe de mes vêtements. J'ai parfois imaginé, dans les duos pour flûtes de Wilhem Friedmann Bach, redistribuer les notes entre les deux instrumentistes sans changer les deux mélodies enchevêtrées. Deux personnes conversent, elles s'écoutent et se parlent tour à tour mais, par moment, elles se taisent, toutes deux écoutent le silence de l'autre. Œdipe ne sait pas repérer le moment où la parole cesse et commence, il ne sait pas discuter, il ne sait pas poser les questions, il ne sait que répondre et il n'écoute pas les silences dans sa propre voix. Il part écouter l'oracle, il entend son avis terrible : tu tueras ton père et tu épouseras ta mère.

Aussitôt, il prend le chemin opposé pour éviter la prédiction. Ce qu'il ne comprend pas, c'est le moment de la prédiction. La prédiction croise son chemin, elle est devant lui. S'il rentre à la maison il ne lui arrivera rien. La prédiction n'est pas quelque chose qui arrivera plus tard, c'est une parole effective dès qu'elle est prononcée, une ligne sur le chemin qu'on peut ignorer ou traverser.

Œdipe ne sait pas discuter parce qu'il ne connaît pas la différence entre les paroles et les silences qui les coupent.

L'origine de la polyphonie est quelque chose d'essentiel pour la culture occidentale. Des spécialistes s'acharnent à dénier à toute autre manifestation de sons simultanés le caractère de polyphonie. Cette revendication est dérisoire. Elle porte en elle pourtant une volonté farouche de s'approprier le monde. La musique des sphères est harmonique et polyphonique, les frottements délicieux des mécanismes célestes sont l'écho de l'harmonie du monde. L'homme ne peut se les figurer car son esprit est limité : tout au plus peut-il suivre une mélodie et, s'il réussit à coordonner quelques mouvements simultanés, il se transforme rapidement en homme-orchestre de cirque !

Depuis longtemps je cherche la trace des Asianes. Ils nous sont inconnus et pourtant ils vivent parmi nous. Souvent, devant un visage étroit à la peau très blanche et aux yeux un peu allongés je me suis dit : « voilà peut-être à quoi ressemblaient les Asianes ». Ce sont les plus anciens habitants de notre continent. Nul ne sait d'où ils sont venus, peut-être des confins du Caucase. Ils s'étaient installés là avant que n'arrivent Celtes et Latins. Les plus anciens mythes indo-européens ne font pas mystère de ces peuples qui se trouvaient là avant leur arrivée, avant qu'ils ne plantent des piquets de bois dans le sol, qu'ils ne creusent des sillons et cultivent la terre. Les envahisseurs sont arrivés par vagues successives. Il y a eu la guerre et aussi la paix. Les guerriers qui venaient de l'est ont été accueillis comme Énée le fut, et les Asianes ont été repoussés ou assimilés. Les indo-européens ont imposé leurs langues et la monodie.

Il ne reste rien des Asianes. Nous ignorons leurs coutumes, nous ne savons pas quelles langues ils parlaient. Il reste des noms de montagnes, de rivières, des étymologies énigmatiques qui ne renvoient à aucune racine identifiable. Mais aussi des fondations d'édifices, des sépultures, des outils. L'Europe a été habitée depuis des périodes très reculées par des hommes dont la civilisation n'avait rien de rudimentaire et pourtant, aujourd'hui, nous ne savons même pas exactement quel nom leur donner. À part le basque, le hongrois et le finnois, toutes les langues parlées en Europe remontent à la même source indo-européenne. Ont disparu l'Ibère, le Ligure, l'Étrusque et aussi le Picte dans le nord de la Grande Bretagne et bien d'autres...

On sait comment les choses se passent. Il suffit que le conquérant impose ses lois et ses coutumes pour que toute la population adopte progressivement une langue qui n'était pas la sienne. Les hommes bougent mais les gènes demeurent car il n'y a pas de guerrier qui ne se soit un jour arrêté pour s'interroger. Les Asianes n'ont pas été exterminés, ils sont toujours devant nous, nous-mêmes probablement. Simplement nous avons troqué notre origine contre une autre. Les mythes indo-européens se sont imposés à une population bigarrée. Les conquérants indo-européens ont imposé leur structure tripartite mais ils ont aimé la blancheur de la peau des femmes Asianes, leurs longs cheveux sombres, leur regard. Ils ont aimé leur force, leur résistance, leur ingéniosité, leur discrétion.

Ils ont aimé aussi la beauté de leurs chants. Les Asianes pratiquaient probablement une polyphonie archaïque très élaborée. On continue de chanter ainsi dans les vallées isolées de quelques régions montagneuses, quelques îlots de ce qui fut autrefois un continent. Il existe une Atlantide polyphonique, engloutie plus profondément que ne le fut jamais l'Atlantide.

Quand les premiers indo-européens sont arrivés, ils ont trouvé des sociétés organisées de manière égalitaire. La monodie a accompagné les héros. Ulysse traîne avec lui sa légende épique. Il écoute Démodocos et pleure, tant le chant de l'Aède lui rappelle le souvenir des Grecs. Qui étaient les Troyens ? On ne le sait plus. Ulysse a résisté aux chants des sirènes. Femmes ou animaux marins, monstres ou baleines ? Qui tranchera ? Ce chant enivrant ne saurait être comparé à celui de Démodocos. Le chant des sirènes est irrésistible et inimitable. Ce n'est pas le chant d'une seule sirène mais l'étrange jeu des voix qui se mêlent.

Il reste aujourd'hui encore des traditions polyphoniques solides dans les îles de la Méditerranée : Sardaigne, Corse, en Albanie et surtout en Géorgie. Les Géorgiens parlent une langue qui ne ressemble à aucune autre, elle n'est classée dans aucune famille, bien qu'on l'ait parfois rapprochée du basque. Ces traditions musicales ont maintenu une polyphonie d'avant la monodie. Des îlots polyphoniques dans un océan de monodie. Les indo-européens apportaient dans leur escarcelle une technique élaborée de fabrication du fer, des langues caractérisées par l'emploi presque systématique de la copule « être », un souci étrange de l'Un qui ne faisait pas l'unanimité et les taraudait comme quelque chose qui démange, et la monodie. Le problème de l'origine est une question absolument indo-européenne, lié à cette obsession de l'unicité. Chercher les Asianes c'est traquer l'origine pour la détruire à jamais. Le chant des sirènes est le chant de l'oubli de l'origine, celui qui détourne de la terre natale.

Ce qui a précédé l'origine n'est pas l'origine, car elle ne peut se dire que de quelque chose qui, en remontant l'enchaînement des causes, n'existerait que par soi, exactement comme on dit : un nombre premier qui ne peut être divisé que par lui-même est un.

Il existe un moment où rien n'est singulier, pas même le Tout qui aurait dilaté l'Un jusqu'à la plus totale confusion. Car l'Un est plein de ruses, elles se nomment fugue ou canon. Une voix se dédouble, se triple, jusqu'à constituer peu à peu un univers polyphonique complexe. Ce qui m'avait frappé dans les polyphonies géorgiennes, c'était l'éclatement simultané des voix. Il n'y avait aucun fond préalable. Aucune voix n'aurait pu être isolée. Cela surgissait sans qu'on puisse en déterminer le moment. Les hommes étaient attablés, certains debout, le verre à la main. Ils entonnaient un chant. J'avais l'impression de me trouver dans une réserve dont j'avais franchi les limites avec mon magnétophone. Le terme de « réserve » était étrange : que conservait-on ici ? Les grecs anciens avaient éprouvé la terrible nostalgie de ce chant, de cet appel qui ne pouvait rien dire ni raconter. Que peut être exactement un chant qui advient, comme ça ? Ce que j'enregistrais et étiquetais soigneusement, c'étaient des chants d'oubli, des chants à penser ou à boire. La profusion du monde s'y trouvait mais sans y prendre, comme dans la quatrième symphonie de Ives, la forme grinçante d'une comédie.

(...) /Un peu d'exercice spirituel !

Il lui fut impossible de refuser de participer à un stage de survie qui était organisé le mois suivant son arrivée dans l'entreprise. Il avait engagé des relations de travail amicales avec les membres de l'équipe dont il faisait partie maintenant. Tutoiement et prénoms obligatoires, bien que cela le gênât un peu. Il lui était, par contre, difficile de comprendre l'enthousiasme qui semblait animer tous ses nouveaux amis de travail quand la direction leur proposa un « stage de survie ». Sa seule consolation, à ce moment précis, fut de se dire qu'il échappait au saut à l'élastique pratiqué ailleurs.

Le directeur des ressources humaines semblait absolument ravi. Cela le changeait des recrutements et des licenciements. Pour le recutement, cela ne servait pas beaucoup mais, pour les licenciements, on ne savait jamais. Il était toujours intéressant de tester, chez les membres du personnel, des qualités ou des défauts jusqu'alors insoupçonnés qui permettaient de produire, au moment fatal, des arguments imparables. Il ne se séparait jamais de son *organizer* avec modem, liaison internet et écran du dernier modèle pour y noter des remarques qu'il aurait risqué d'oublier, il les transmettait ensuite directement dans sa banque de données par téléchargement immédiat. L'appareil lui avait servi également pour inscrire la liste des courses que sa femme lui avait dictée ; il emmenait son appareil dans le supermarché mais se contentait de cocher la liste en modifiant la couleur de tous les articles qu'il avait mis dans son chariot. Il avait d'abord pensé utiliser un petit scanner à main connecté à son engin pour lire les code-barres, puis envoyer les précieuses données, par satellite s'il le fallait, directement sur un logiciel capable d'en dresser une comptabilité instantanée, classée par poste budgétaire mais, finalement, la solution lui avait paru manquer d'élégance. Il avait décidé de réserver la technologie à sa vie professionnelle, et préféré faire ses courses avec un panier tressé de lanières de châtaignier du Northumberland, qu'il avait trouvé dans la boutique écologique d'un arboretum, indiqué en caractère gras et recommandé par le guide bleu. Quant à la liste des courses, elle était désormais dessinée au pinceau fin sur un papier japonais.

Il avait d'abord tenté d'imposer le tai chi et de créer un atelier de calligraphie chinoise dans l'entreprise mais s'était heurté à une certaine résistance. L'opposition du vide et du plein, du lent et du rapide, du sec et de l'humide ne convenait pas à ces cadres pressés et stressés qui refusaient de s'arrêter sur le bord du chemin pour scruter un instant le parcours probablement discontinu de leur carrière professionnelle. Il avait fallu trouver autre chose et il avait finalement choisi un stage « clés en main » en vérifiant toutefois que les oppositions précédemment évoquées s'y trouveraient bien, même si le Ying et le Yang se trouvaient contraints momentanément à une relative clandestinité mais, après tout, il n'avait rien contre le syncrétisme. Tous les modèles devaient avoir leur chance.

Il s'était rendu compte, après quelques années mi-tantriques, mi-taoïstes, que le vent était en train de tourner. Les prestataires de service proposaient maintenant des produits nouveaux, moins exotiques peut-être, mais plus authentiques. Le directeur des ressources humaines avait reçu une brochure avec un dossier de presse.

Il lut. Cela commençait par un article exceptionnel, publié dans *Le Monde*, par la directrice générale d'un cabinet de consultants (B. de S.M.). L'auteur y expliquait, avec beaucoup de conviction, comment la règle de saint Benoît pouvait admirablement s'appliquer aux préceptes du management. Si le monastère fonctionnait comme une firme, pourquoi pas l'entreprise comme un monastère ! Le moine qui en 529 avait fondé son ordre était un véritable précurseur. Il avait su organiser ses équipes en « décadies » de dix personnes, car, disait l'article, « il est difficile de "manager" plusieurs hommes à la fois ». Bien sûr, on s'intéressait particulièrement à l'abbé, « du syriaque, *abba*: père », prototype du manager. Le modèle du dirigeant paternaliste n'était plus vraiment prisé mais la raison en était essentiellement l'ignorance du syriaque. Même l'aspect contemplatif de la vie monacale de l'abbé trouvait enfin son sens : « Un manager a besoin de disposer de temps de reculs réels, lieux d'expression de son angoisse, de ses incertitudes. » Le directeur des ressources humaines avait beaucoup aimé l'article. Il appréciait toutefois des pratiques de management plus vigoureuses, plus nettement affranchies des méthodes paternalistes.

Un autre article du dossier faisait état d'une expérience étonnante dans une entreprise high-tech. On avait choisi d'utiliser le modèle franciscain. A priori, la première règle de saint François paraissait mieux adaptée encore à une organisation parfaitement libérale. Elle avait été distribuée à tout le personnel. Après tout, on l'avait rédigée au moment même où émergeaient dans la plaine du Pô, les premières structures de type capitaliste. Saint François était le premier apôtre de la dérégulation moderne. Bien-sûr il était obsédé par la pauvreté et le dénuement, à un degré qui pouvait paraître excessif, mais un manager un tant soit peu charismatique a toujours une marotte, un hobby, un gimmick. « Le dénuement est un concept opératoire remarquable », expliquait l'auteur de l'article, il permet des économies d'échelle. On dégraisse en criant « à bas les structures intermédiaires », « tous en réseau ». Le mieux, c'était qu'on puisse tout réduire à ce qui sert vraiment et rien d'autre. On se rendait compte alors que la plupart des bureaux étaient inutiles. Les employés se tournaient les pouces dès que le chef avait le dos tourné. Ils s'attachaient sentimentalement à la machine à café, à leurs étagères en métal, leurs sièges, leurs tiroirs. La moitié des salariés avaient été remerciés depuis un an. On ne croisait plus dans les couloirs que des femmes de ménage, et des chefs de projet à Bac + 8. On avait rasé les cloisons pour construire un gigantesque loft avec des caissons à roulettes dans lesquels les rescapés pouvaient ranger leurs effets : une photo de famille, des comprimés pour l'estomac, etc. La règle de saint François était une sorte de méthode de renoncement à tous les avantages et privilèges qui ne trouvaient plus leur justification dans la nécessité : pas de hiérarchie instituée, pas de fétichisme, pas de paroles inutiles, par conséquent la manière la plus radicale de favoriser l'épanouissement de chacun. L'article citait le saint : « Que tous les frères, en temps de nécessité manifeste, s'arrangent pour ce dont ils ont besoin, comme Dieu le leur inspirera, car la nécessité n'a pas de loi. » Le commentaire restait distancié. Peut-être saint François comprenait-il la nécessité d'une manière un peu vague et archaïque, mais le principe restait matriciel. La nécessité n'a pas de loi, elle est la loi immanente. Sans justification, elle justifie. On avait surligné quelques extraits pour que tout le monde sache à quoi s'en tenir. En exergue, figurait l'expression : « Pas même un bâton pour marcher » qu'un cadre méritant, mais sans doute un peu psychorigide, avait compris comme « pas même un élastique pour sauter ». Il s'était jeté du dernier étage quelques jours avant d'être viré, privant du même coup, sa veuve et ses enfants, de la prime d'assurance-vie et des indemnités d'un licenciement qui n'était pas encore prononcé. C'était, à en croire l'auteur de l'article, la limite des méthodes par trop charismatiques. Il est parfois difficile de tempérer les enthousiasmes. La firme en fut reconnaissante, mais sans plus, elle craignait qu'un règne trop exclusif de la nécessité la fît passer pour une secte. Le zèle était l'expression la plus banale de ce sentiment largement partagé selon lequel on serait indispensable. « Que nul ne soit appelé prieur mais que tous indistinctement soient appelés frères Mineurs » écrivait le saint. C'était une parole forte. On en avait déduit que l'échelle des salaires serait revue chaque mois en fonction des rapports d'activité de chacun. La voie était bien rude et la sainteté n'était pas à la portée de tous, concluait l'auteur !

Le Monde avait raison : saint Benoît, c'était du solide ! Le modèle était suffisamment performant en période de croissance. Il y avait une petite note à la fin du dossier, une recommandation : saint Benoît, très bon au-dessus de 3 %, saint François, très performant en période de récession et jusqu'à +1,5 %. Finalement, le Directeur des ressources humaines préféra pour le stage une formule mixte qui proposait un compromis : après une errance toute franciscaine on irait se réfugier chez les bénédictins.

Le stagiaire trouva le concept assez banalement binaire. Après avoir « crapahuté » (le terme avait été répété plusieurs fois avec délectation par un de ses collègues) pendant trois jours sous la pluie et dormi dans des fossés (bien drainés), ils se retrouvèrent dans une sorte de monastère qui faisait plus ou moins office de gîte d'étape. La partie féminine du groupe était logée dans un bâtiment à part mais pouvait les rejoindre au moment des repas. On leur avait déconseillé, mais pas interdit, d'avoir des relations sexuelles avec des membres de l'équipe, ce n'était pas le but du stage. Il s'était repassé la phrase mentalement en se demandant si on avait dit : « ce n'est pas le but du stage » ou « ce n'est pas le but de ce stage ». Un simple mot de deux lettres faisait toute la différence. Une chose était sûre : ils s'étaient énormément salis, avaient dormi à la belle étoile, et une fois sous la tente - ce qui pour un mois d'hiver n'était pas vraiment confortable - et sans matelas. Il lui semblait que le but de l'opération était surtout d'arriver le plus sale possible. Le parcours n'était pas particulièrement difficile mais extraordinairement boueux. Ils avaient remonté une sorte de gorge encombrée de broussailles, avaient mangé des aliments lyophilisés, avaient dormi dans des couvertures de survie qui finalement s'étaient avérées être de véritables sacs de couchage de fabrication maison... Toujours est-il qu'il appréciait de prendre enfin une bonne douche, même si l'installation était un peu spartiate. Ils se retrouvèrent tous dans une grande salle à manger autour d'une longue table de chêne, encore un archétype, mais cela ressemblait à du chêne, lui semblait-il. La consigne était de manger en silence. C'était comme un jeu et personne ne parlait. On communiquait par petits signes pour demander le pain ou le sel et tout le monde semblait trouver cela amusant, pas drôle mais amusant, comme cela peut l'être de respecter la règle d'un jeu et d'attendre son tour. Après s'être sali, un peu d'exercice spirituel. Retour aux valeurs sûres. Se ressourcer, renouer avec le goût de la règle, le silence. Une règle élaborée en 529! On leur avait proposé un accompagnement musical pendant le repas et il fut surpris de reconnaître une musique qui, sans lui être familière, évoquait immédiatement quelque chose. Un enchevêtrement de voix qui se déployaient, des voix diaphanes et légères mais qui se recoupaient et se croisaient jusqu'à oblitérer tout l'espace. Il n'y avait qu'une musique comme celle-ci et il se souvenait l'avoir entendue en écoutant sa radio à un feu rouge, et il se rappelait avoir souhaité que le feu ne devienne pas vert, pas tout de suite. Il s'agissait du *Spem in alium* de Thomas Tallis, il reconnaissait tout de suite le mélange des voix qui l'avait laissé rêveur. Il observa que la musique produisait un certain effet sur ses compagnons qui bientôt limitèrent leurs gestes à la pure fonctionnalité: ce qu'il faut faire pour manger. Ce qu'il faut faire après un stage de survie, quand on arrive comme à l'improviste - mais tout est prévu bien sûr - dans l'ancien monastère bénédictin, reconverti en gîte pour ermites d'un week-end ou cadres en mal de sensations spirituelles. Le repas était exceptionnel. L'organisateur du stage avait prévu son coup: les nuits au grand air et la remontée en pataugas des gorges boueuses d'une petite rivière devaient ensuite s'accompagner d'un lapin rôti dans un climat de recueillement. C'était une réussite totale et quand il apprit que le monastère entretenait des relations avec des moines tibétains, il se sentit frôler l'extase. Le prieur, fin philologue, eut l'imprudence de lui faire remarquer que le but d'un stage ne pouvait être que l'extase - l'ex-stase -; cette situation transitoire ne pouvait constituer que le plus stationnaire des préliminaires. Il eut droit en contrepartie, mais cela il le méritait pleinement pour avoir enfreint la règle du silence et surtout celle de la forfanterie, à un exposé sur la puissance libératrice du satori dans le bouddhisme Zen. L'organisateur citait Lacan et les préceptes de la PNL; joignant le geste à la parole, il entreprit une danse étrange et lente sous l'œil impassible du prieur qui se demandait à présent s'il avait vraiment mérité cela. L'homme levait la jambe et tournoyait sur lui-même. Un moment il poussa un cri rauque. S'était-il senti ridicule, la puissance libératrice avait-elle agit? Toujours est-il qu'il reprit sa position habituelle et redevint l'homme banal qu'il avait été jusqu'à présent, presque rétréci. L'environnement bénédictin n'était peut-être pas si propice qu'il avait pu l'imaginer. Le prieur se tenait absolument immobile, dans une attitude hiératique. C'était un homme de grande taille. Le stagiaire l'observait et ce visage et cette prestance lui parurent un instant familières.

Le soir chacun rejoignit sa cellule et c'est à ce moment que le stagiaire commença à écrire sur un cahier tout propre qu'il avait gardé bien au sec dans son sac à dos enveloppé de plastique. Il écrivit cette phrase qui constituait tout un programme : « Est-il possible d'accomplir des actes absolument singuliers ? » suivie de cette autre phrase : « Sans doute, mais ne restent-t-ils pas inaperçus ? ». Il s'arrêta alors un moment pour réfléchir. Il changea de crayon, laissa l'encre noire pour de la rouge et écrivit au-dessus : *Traité de théologie statistique.* Le titre lui plaisait bien. Il reprit à l'encre noire : « Qu'un homme vienne sauver le monde, c'est déjà intéressant, mais mon pari ne portera pas sur cet aspect déjà envisagé. Qui peut sauver qui ? Problème n° 1 : est-il possible qu'un homme ou qu'un Dieu, ou Dieu fait homme puisse sauver ? Y a-t-il un usage intransitif du mot comme dans "le chien mord" (si on l'approche). Problème n° 2, usage transitif : qui peut être sauvé ? Est-ce un homme, un peuple, une foule ? (j'entends à ce moment le cri de la foule : Turba : citation de la passion), le monde, personne, etc. ? Problème n° 3 : qu'est-ce que sauver ? Être sauvé : s'agit-il d'un acte ou d'une situation ? À moins que ce qui sauve fasse que ce soit sauvé, auquel cas l'acte et sa-conséquence sont indissociables. En un sens l'acte est sa propre conséquence. Nous le formaliserons ainsi : l'acte-sa-conséquence. Unique, il n'est même pas nécessaire qu'il y ait un pronom personnel car une répétition ne servira à rien : sauve-est-sauvé. Ou plutôt : sauve-sauvé. Sans sujet, sans objet, cela n'arrive qu'une fois. Il n'y a que des singularités. Inaperçues. Simultanéité. Toutes en même temps. Sauve-sauvé. N'importe qui. »

Le stagiaire se relisait maintenant avec perplexité ; deux possibilités : soit c'était un informe charabia, la singularité immédiatement proférée devenait incompréhensible, soit il la comprenait et c'était une révélation ! Il pouvait entreprendre dès demain une carrière de prophète, de télé prédicateur : un seul mot, un seul son et le monde était à lui ! Il y avait des moments de la vie où tout apparaissait ainsi d'une manière extrêmement tranchée. Le stagiaire avait cependant appris à se méfier de ces impressions empathiques. Elles survenaient d'ordinaire après un violent effort physique. Le corps fabrique alors ses propres substances hallucinogènes. Demain, ce qu'il avait écrit lui paraîtrait totalement ridicule, il n'y comprendrait plus rien. Il reprit alors sa feuille et il écrivit: « Lecteur! Cher moi-même! Demain tu n'y comprendras plus rien. Dont acte. »

La nuit l'emportait d'un sommeil sans rêves.

Où les voix s'enchevêtraient

Entreprendre un travail, c'est se lancer dans quelque chose dont on ne mesure pas bien la teneur ni l'ampleur. Ces pensées me revenaient sans cesse à chaque fois que je me remettais à ma table d'écriture. Quand est-ce que seulement cela avait commencé ? Je me reposais la question sans trouver de réponse qui me satisfasse véritablement. En fait, l'origine de ma recherche sur la polyphonie était désormais aussi ancienne que ma vie et, comme elle, les cellules semblaient se renouveler chaque jour, même si c'était avec un peu plus de lenteur. C'était un travail en cours qui ne devait jamais finir et qui, peut-être, n'avait jamais commencé. Pourtant, je me souvenais d'un émoi particulier que j'avais ressenti un jour en marchant et en poussant deux cailloux du pied devant moi. A cet instant un oiseau était passé dans le ciel et je m'étais dis : ce serait bien de noter cette étrange configuration. Évidemment ce souvenir absurde n'est en rien celui de l'origine. Il est remanié comme toutes mes pensées. Il trahit mon goût immodéré, dès le collège, pour l'histoire latine et la configuration particulière était pour moi augure. Mais de quoi ? Cela je ne saurais m'en souvenir. C'est ainsi que les choses se font. Quelquefois je m'isolais dans la cour et faisais le vide dans mon esprit. Mes camarades couraient en tous sens, ils parlaient. Moi seul restais immobile, pour entendre mon sang couler dans mes artères, mais leur agitation me distrayait et je l'écoutais alors comme une musique construite, une sorte de colloque abstrait où les voix s'enchevêtraient. Des discussions distinctes dans l'espace se trouvaient ainsi réunies dans mon esprit et j'en restais hébété, ce qui me valait toutes les moqueries.

Elles me blessaient parce qu'il était difficile de rester visiblement indifférent mais finalement peu m'importait. Ce qu'ils ignoraient était désormais gravé dans ma mémoire ; elle recomposait les éclats, pour tisser une sorte de toile impossible qui restait toujours présente à mon esprit et pourtant informulée.

La seconde révélation advint un jour de concert scolaire, à peu près à la même époque. Un clarinettiste soviétique était venu faire une démonstration. Lui ne parlait pas car il ignorait certainement notre langue et ce détail ne m'avait pas paru sans importance. Son silence ne faisait qu'accentuer le mystère et la force de sa démonstration. Une femme l'accompagnait. Elle parlait parfaitement le français, présentait et commentait chaque morceau. Elle parlait du compositeur, des conditions dans lesquelles il avait vécu, le resituait dans son contexte historique. Ensuite le clarinettiste jouait. Cela me semblait très bref. À un moment, la femme avait commencé à présenter les différents registres de l'instrument : chalumeau, cor de basset, etc. Et elle avait dit : « Écoutez bien, la clarinette est comme plusieurs instruments en un seul et le musicien (elle l'avait nommé par son prénom avec un tendresse soudaine, Gabre ou quelque chose comme ça, plus tard je me suis demandé si ce n'était pas Gavriil) va faire dialoguer ces différents registres de l'instrument en jouant un morceau à plusieurs voix. » J'étais resté incrédule : « Comment un seul instrumentiste avec sa clarinette pouvait-il produire plusieurs voix ? » Et la virtuosité de l'instrumentiste s'était mise à l'œuvre. L'homme avait tenu son appareil (c'est le mot qui me revient) avec une attention toute particulière. Il maintenait une pression constante et ses doigts s'agitaient sur le corps de la chose. On entendait plusieurs mélodies qui s'infiltraient les unes dans les autres comme dans leurs respirations respectives et je m'étais dis : « C'est comme dans la cour, les voix ne sont qu'un… » Le mot m'a longtemps manqué mais aujourd'hui je sais qu'il s'agit bien évidemment du mot « discours ».

Pourtant je ne me souviens absolument pas de la musique. Ce n'était qu'un moment de technique. La musique, elle court encore devant moi comme quelque chose d'insaisissable. La première émotion musicale qui me soit absolument propre fut une initiation. C'était une femme qui donnait des récitals de piano autour de l'école de Vienne. Elle venait dans les écoles, les cinémas avec son message sériel sous le bras. Elle avait l'air un peu allumé comme une bonne sœur qui aurait vu le sauveur depuis peu et s'en sentirait toute revigorée. Elle jouait du Schönberg après nous avoir expliqué les fondements de la méthode dodécaphonique. Puis du Berg. C'est alors qu'intervint le clou du spectacle qui en était aussi le trou vide, le gouffre : quelques pièces de Webern. Elle s'était mise à parler de la suspension du temps, de notes qui restaient comme cela, rares et précieuses, du silence. Ce fut la révélation. Il se passa quelque chose qui dépassait pour moi toute expérience antérieure : le temps s'arrêtait réellement, je sentais mon sang irradier rugueusement dans mon corps, tout battement interrompu. J'y pensai ensuite des jours, des mois. Qu'est-ce-qui se cachait dans le silence ? A cette époque j'entrepris la lecture d'un roman de guerre et je tombai sur cette expression « un lacis de veines claires. » Entre les veines se tapit la nuit, la vie.

Pourquoi on vit seul ? La nuit, je me réveillais quelquefois avec cette pensée et elle m'occupait jusqu'au matin. On s'habitue à soi, si bien qu'à force, je bavardais avec ma vieille peau, presque amicalement, et même, ce bavardage muet meublait mes journées. Je lisais une bonne partie du matin des publications spécialisées que je recevais de l'étranger, dans des idiomes que j'avais progressivement appris à déchiffrer, puis à lire. Mais est-on jamais seul ? La fenêtre s'ouvre et les bruits de la rue immédiatement font irruption. Le bourdonnement indistinct et constant des voitures; le niveau baisse progressivement vers le soir en s'effilochant. On entend alors quelques fulgurances, un moteur qui démarre et qu'on pousse un peu trop. La solitude parmi les autres était peut-être la plus paradoxale et la plus évidente. Je sortais l'après-midi, j'allais m'acheter un sandwich et je déambulais tranquillement dans les rues. Quand je sentais la fatigue ou même une simple lassitude je m'arrêtais prendre un café, je lisais le journal en regardant passer les gens. Quelle drôle d'expression « les gens ». Suis-je aussi une part minuscule de ces gens que je regarde, moi qui suis assis à cet endroit ? Faut-il être immobile pour se dire qu'on ne participe pas au mouvement général ? Tous semblent suivre un projet précis. Ils marchent d'un pas décidé et si on leur disait que quelqu'un est assis un peu plus loin là-bas en train de les observer, que penseraient-ils ? Cela les dérangerait dans leur mouvement et susciterait probablement une réaction d'agacement.

A dire vrai, il semble que la solitude soit une sorte de fatalité, et que ceux qui en sont marqués ne puissent en aucun cas y échapper. S'ils essaient de s'entourer de monde, cela ne fait qu'aggraver le problème car, dans tous les cas, cette présence leur sera insupportable et leur solitude n'en sera que plus patente. Un jour, on réalise qu'on est seul. C'est sans doute lié à la découverte de la mortalité. On meurt, on est seul. Deux réalités difficiles à admettre quand on sort du ventre de sa mère. Trois semaines en couveuse avaient sans doute réussi à m'en convaincre. La lampe était à l'époque assez rudimentaire et la lumière traversait mes paupières. Ce fut probablement mon premier apprentissage de la singularité.

Quand on est seul on cherche à ne plus l'être. Cela paraît logique mais, dans les faits, les choses sont plus compliquées. C'est tout le problème du désir. Si on peut réaliser tous ses désirs on risque de se perdre littéralement dans son objet et devenir ce qu'on désire, au point de ne plus pouvoir se reconnaître, comme ces gagnants du loto qui accomplissent tout ce dont ils avaient rêvé, mais qui se détruisent sans s'en rendre compte car, tout ce à quoi ils avaient jusqu'alors accordé de l'importance, devient, du jour au lendemain, sans valeur aucune. Le problème inverse est de rester tapi. De rester soi jusqu'à l'inhibition totale. Évidemment entre les deux attitudes j'ai longuement hésité.

Plusieurs rencontres ont compté dans ma vie et, à chaque fois, ce fut comme une chance offerte. Pourtant ce fut aussi une succession d'échecs qui me laissèrent, à chaque fois, un peu plus seul et comme ramassé sur moi-même.

On croit être seul parce qu'on est différent. C'est en tout cas une opinion qui me semble venir de l'enfance. Les autres, ce sont les parents, les amis, mais on porte un monde avec soi sans réussir à le partager. Alors on rêve d'une relation fusionnelle. Ce fut sans doute ma première erreur. Mon premier amour fut absolument conforme à ce modèle. L'aventure dura quinze jours, ce qui est peu et beaucoup à la fois. Nous ne nous parlâmes pas et en fait rien de réel n'advint. Je m'en souviens comme d'une douleur qui se localisait au niveau de l'estomac, juste sous le sternum. J'avais écrit une lettre et je n'ai jamais reçu de réponse. C'était une très jeune fille et moi un adolescent. Je peux imaginer qu'elle ressentait à peu près la même chose que moi, sauf qu'elle restait dans les limites de la bienséance. Ma lettre était excessive et pour y répondre, il aurait fallu être aussi excessif que je l'étais ou m'éconduire. Elle ne fit rien de cela. Elle ne manifesta rien qu'une amitié bienveillante.

Je la vis alors et reconnus ce qu'elle était : un autre être plutôt sympathique mais aucunement prêt à fusionner, ni sur le plan physique (encore qu'avec un peu de patience…), ni sur le plan spirituel. Je dois avouer que je me retrouvais dans une situation pénible. J'avais accompagné mes parents dans une station balnéaire où vivait une tante et je savais que la jeune fille passait ses vacances à quelques kilomètres. Il y avait un vieux vélo chez ma tante et j'avais entrepris de le regonfler. Il me fallut presque une heure avant de réaliser que la chambre à air de la roue arrière était crevée. En même temps que je m'activais, en vue de parcourir les quelques kilomètres qui me séparaient d'elle, je pensais à ce que je pourrais lui dire et, plus j'y réfléchissais, moins les mots me venaient. Comment parler à quelqu'un qui peut vous comprendre totalement ? Il y a un seuil où les mots sont plus gênants qu'autre chose. Ce que j'ignorais alors bien évidemment, c'est que le seul moment où les mots sont inutiles, c'est celui où la chair s'éveille et devient alors elle-même langage. La proximité du corps de l'autre est telle que la parole semble réinstaller de l'air entre les épidermes qui se touchent. Je n'en étais pas là et je m'imaginais ce que je pourrais dire. À un moment, je me demandai si, finalement, la restauration du vélo n'était pas une finalité suffisante. Mais c'est méconnaître, chez les adolescents, cette sorte d'obstination qui fait qu'ils se fient à leur premier mouvement quels que soient les événements susceptibles d'en corriger le cours.

Clic-cloc

La lecture de la lettre laissait le stagiaire un peu perplexe. C'était comme une discussion depuis longtemps interrompue mais dont la distance semblait ne pas avoir de signification. Le commissaire continuait avec lui une conversation à l'endroit même où ils l'avaient abandonnée. Ceci lui rappelait une réflexion qu'il s'était faite : « Toute démonstration est idéalement simultanée. La logique tient ainsi : de la première affirmation découle nécessairement tout le reste dans une sorte d'idéalité, qui serait la somme de tous les raisonnements mais nous ne sommes que des êtres humains et il nous faut du temps pour penser. Ce qui nous distingue de Dieu ! Mais aussi ce qui nous singularise. La première assertion produit la seconde et ainsi de suite ! Cet ordre est lié à notre limitation dans le temps. Il nous est compté et nous y organisons des récits, des structures linéaires, des dérives subtiles, ce que nous qualifions facilement de petites histoires. En cela, une enquête n'a rien de logique. Elle naît d'une sorte de distorsion temporelle qui fait que la solution est dans le moment qui précède le crime. L'enquêteur ne peut faire ce chemin qu'à rebours, ou alors, s'il veut suivre la linéarité des événements, il est obligé de tout reparcourir, depuis ce qu'on pourrait appeler le commencement, c'est-à-dire, ce qui laisse pressentir un chemin singulier. Trouver un criminel n'est pourtant pas annuler un crime, ce serait trop beau ! Mais construire une autre histoire, qui se superpose à celle du criminel, dans un subtil décalage jamais résolu. »

Chaque jour tombaient dans son ordinateur des vrac de chiffres en provenance de tous les magasins de la chaîne. Un câble blanc reliait sa machine à d'autres machines devant lesquelles des employés attentionnés et méticuleux contrôlaient l'état des stocks en permanence, à la tranche de beefsteak près, scrutant des courbes et passant des commandes aux meilleurs prix. L'objectif était de trouver l'extraordinaire et précieux équilibre, qui permettait de maintenir les flux au plus extrême de la tension qu'on pouvait supporter sans craindre la rupture. La rupture était une catastrophe ! Tout le monde se souvenait de la rupture des stocks de *clic-cloc* il y avait deux années de cela. Le *clic-cloc* était un petit jouet sonore absolument insignifiant, et même particulièrement inintéressant, qui avait été importé de Malaisie. Il avait été inventé par un mathématicien albanais, qui après avoir réalisé sa thèse en France s'était recyclé dans la conception des jouets. Il avait baptisé *clic-cloc* le premier jouet qui, disait-il, se fondait sur la constatation d'une transformation de forme élémentaire. Il avait d'autres projets. La chaîne avait reçu avec réserve quelques centaines d'exemplaires de l'appareil rudimentaire. L'épidémie avait démarré peu après, d'une manière si subite, si imprévisible, que tout le monde avait été pris de court. Presque tout le monde. Le pays avait été en quelques mois inondé de *clic-cloc* par la concurrence et il n'avait pas été possible de se réapprovisionner avant que l'épidémie fût jugulée. Puis, elle avait disparu. Le métal avait été à nouveau fondu et servait désormais à sertir des oreilles ou des nez, préalablement percés à l'emporte-pièce. Il ne subsistait de *clic-cloc* que de vagues imitations, en fait, des mines anti-personnel que l'usine malaise avait fabriquées en catimini, pour les revendre à des mouvements séparatistes Dayak.

Le stagiaire était chargé de l'interprétation et on avait fini par lui attribuer un bureau particulier. Sur la porte il était écrit : INTERPRÉTATION. L'entreprise lui avait laissé une grande liberté pour ce projet. Il ne savait pas trop ce qu'on attendait vraiment de lui. On lui avait attribué un local, plutôt spacieux, mais mal orienté dans un endroit tranquille, au dernier étage d'un immeuble attenant au siège social. Il était un peu surpris de se trouver loin de la salle d'informatique et, le matin, il ne croisait souvent pas grand monde. Au même étage que le sien, il y avait deux autres bureaux mais il n'était pas sûr qu'ils soient occupés. On lui avait assuré que si, qu'il aurait bientôt l'occasion de rencontrer ses nouveaux collèges et sans doute même, y aurait-il prochainement un séminaire particulier d'intégration conviviale (SPIC). La standardiste à l'entrée était charmante bien qu'un peu ronde et il avait vaguement l'impression qu'elle lui faisait de l'œil. Il se dit qu'il faudrait pouvoir vérifier cette hypothèse, mais le problème avec les vérifications, c'est qu'elles peuvent s'avérer plus longues qu'on ne le désire surtout s'il faut explorer tous les recoins d'un corps à la surface importante.

De ces données brutes, ou parfois déjà transformées, qui lui parvenaient, et grâce aux profils, il essayait de dégager des forces. Il avait remarqué, par exemple, que le réapprovisionnement était pratiquement automatique pour certains articles, et que la simple lecture des données du stock ne permettait jamais de savoir à partir de quel moment un article donné cesserait de se vendre et resterait en magasin. À quel moment fallait-il cesser de réapprovisionner, ou réduire? Pendant longtemps, on s'était contenté d'évidences et de bon sens en pensant que les produits saisonniers se vendaient pendant la saison. C'était une tautologie et cela aboutissait la plupart du temps à une rupture de stock ou, au contraire, à des invendus qui ne valaient plus rien. On pouvait rationaliser tout cela, ou du moins essayer. Une pratique systématique du procédé sur tous les articles et dans les deux cents magasins de la chaîne permettrait d'améliorer les résultats de façon significative. Bien sûr, on pouvait prendre comme simple repère le temps de roulement mais ce n'était pas assez précis, car on ne connaissait pas toujours *a priori* la durée du cycle idéal du produit.

On n'était pas toujours capable de l'évaluer avant même qu'il ait disparu des rayons et que son souvenir se soit effacé de toutes les mémoires, ce qui aurait réduit le rôle de l'interprétateur à celui d'un banal sociologue ou d'un décrypteur de linéaire B pas particulièrement pressé. Il ne servait à rien de décoder les messages allemands après que leurs avions avaient pu larguer leurs bombes ! Ses profils lui permettaient de percevoir une sorte de logique d'écart : quand on s'écartait du modèle initial, on pouvait penser que le cycle de roulement du produit, tel qu'il apparaissait dans les données, était lui-même le cycle singulier du produit. Toute la difficulté était de mettre à jour ce cycle singulier pour savoir quelles quantités acheter et combien de temps. La nouveauté de sa méthode tenait au fait qu'il n'était plus nécessaire de scruter un grand nombre d'indicateurs du genre : tendance de l'année, retour du naturel ou tout le charabia. Il suffisait de scruter le panier de la ménagère et de mesurer les interférences. Les cycles de chaque produit interféraient. La maîtrise des flux était acquise si on comprenait les interférences. On pouvait ainsi produire des prévisions assez fiables de manière quasi instantanée. Ce n'était pas véritablement une maîtrise du temps mais plutôt une façon d'ignorer le temps : on mesurait de l'épuisement et on apprenait à ménager ses forces. En fait, les objets de ses mesures, les profils, étaient devenus si singuliers qu'il n'était plus nécessaire de les mesurer. Il suffisait de repérer la forme de la courbe, sa silhouette. D'avoir l'œil. Le programme qui traitait l'information s'était progressivement allégé et, contrairement à la tendance du moment, ne comportait désormais que quelques octets.

Ses rapports furent d'abord prudents et un peu généraux. Tout travail de prédiction doit s'accommoder de ces imprécisions sans lesquelles on ne lui accorderait aucun crédit. Au bout de quelques mois, le stagiaire eut l'impression que plusieurs de ses modèles pourraient fonctionner. Il avait en effet établi des mesures précises de l'évolution des ventes de certains produits. Globalement, cela concordait avec ses prévisions. Deux mois plus tard, il joignit à son rapport hebdomadaire, qui ordinairement ne comportait que des banalités aussi abstruses qu'inutiles, une indication immédiatement lisible suivie d'une recommandation du style : tant de X pour la période du tant au tant. Il mesurait l'état des ventes pour les quatre mois à venir avec une évaluation assez circonstanciée des répartitions sur les différents sites de distribution. À sa grande surprise, il put constater que ses indications furent suivies à la lettre par l'entreprise; il voyait les stocks et les ventes évoluer exactement comme il l'avait envisagé. Au bout de trois semaines, il se produisit un événement significatif : son bureau, il en était sûr, avait été visité. L'ordre des papiers était légèrement changé. Chaque soir, avant de partir, il disposait une feuille de papier d'une manière particulière. Il mesurait l'angle de la feuille avec un rapporteur et plaçait ensuite un poids pour qu'elle ne bouge pas. Un matin en entrant, il avait senti que quelque chose n'allait pas comme il l'entendait. «Trop bien rangé», pensa-t-il. Il prit son rapporteur et mesura l'angle : «Pas de doute!» Il en conçut à la fois de la joie et du dépit : son modèle marchait! Toutefois, ils ne risquaient pas de trouver la formule magique. Elle tenait sur une poignée d'octets qu'il emportait toujours avec lui. Les martingales ont ceci de particulier qu'elles n'agissent que si elles restent confidentielles et presque à la lisière du monde, sans en entraver les lois. Elles n'appartiennent pas à la réalité des choses mais en sont comme une part clandestine. À l'événement d'advenir! Si on en généralisait l'usage, elles se corrompraient d'elles-mêmes et se dissoudraient dans un ensemble qui ne les reconnaîtrait jamais comme ce qu'elles sont mais, au contraire, les assignerait à une mortelle effectivité. Un peu comme si tous les hommes pouvaient tout d'un coup prononcer le nom de Dieu et invoquer son pouvoir. Tous sombreraient immédiatement dans l'athéisme jusqu'au moment où une nouvelle force régulatrice leur semblerait pouvoir exaucer leurs vœux : une nouvelle divinité, plus insaisissable, se révélerait alors, plus abstraite, aux éons plus subtils...

Pour le moment, l'essentiel était de faire ce qu'on lui avait demandé sans rien révéler. D'ailleurs, cela ne figurait pas sur son contrat et si on se faisait trop insistant, il partirait.

Il se rendit compte que le bureau d'en face était occupé à présent. Un homme jeune, presque du même âge que lui, vint frapper à sa porte pour lui demander s'il pensait aller déjeuner bientôt. Ils allèrent dans un petit restaurant hongrois qui venait juste d'emménager, là où quelques semaines auparavant, on servait de la cuisine chilienne et encore un peu précédemment, de la cuisine turque et avant encore, lui avait-on dit, il y avait une excellente crêperie dont la spécialité de crêpe au yaourt et à la stout irlandaise avait tout d'abord suscité l'enthousiasme puis précipité l'établissement à sa perte. C'était amusant d'être un nouveau client tout en s'asseyant à la même table depuis des mois, il se contentait de dire « la même chose » ou « comme d'habitude » et on lui servait le plat des habitués, lesquels constituent sans doute une typologie propre. Le spectacle de la rue n'avait pas changé mais sur le mur nu aux grosses pierres apparentes, on avait accroché des piments séchés et des guirlandes vertes et rouges là où auparavant étaient pendues des poteries indiennes. Le fond sonore avait lui aussi changé, le cymbalum avait remplacé la flûte de pan et les méandres du saz et du ney. Les serveurs se ressemblaient, bien qu'ils n'aient pas exactement les mêmes gestes. Il était intéressant de les contempler avec leur plat se faufiler à la hongroise ou à la chilienne, pour atteindre le fond de la salle. Les mêmes traits, qui lui avaient paru tout d'abord quelque peu indiens, lui semblaient maintenant tziganes et il ne doutait pas qu'à l'époque de la crêperie, on ne les ait pris pour caractéristiques du pays bigouden : teint hâlé et pommettes hautes, yeux légèrement en amande. Son collègue n'avait pas de fonction bien définie et lui parlait de tout et de rien. Au bout d'un certain temps, après avoir fait le tour de tous les sujets dont on peut parler sans rien dire, ce qui prit un certain temps, il lui demanda en quoi consistait son travail avec un air à la fois très intéressé et ennuyé. Le stagiaire lui fit un exposé absolument incompréhensible sur ses méthodes de calcul en lui révélant le secret qu'il tenait si bien caché. « Rien de tel que de dire la vérité pour tromper les gens », pensa-t-il. Si son convive avait vraiment été malin, il l'aurait fait au septième degré, ici le troisième suffisait visiblement. Il se dit qu'il n'avait certainement jamais entendu parler de la lettre volée de Poe. Ce en quoi il ne se trompait pas.

Une semaine plus tard, il fut convoqué en « haut lieu ». Personne ne prononçait jamais le nom ou la fonction de qui dirigeait en haut lieu, comme si c'était risquer d'attirer sur soi la foudre. Il se rendit au siège social, juste à côté. Il poussa la lourde porte à l'heure exacte qu'on lui avait indiquée et se vit offrir un siège confortable, situé en face du bureau, légèrement en biais et, à son avis, un peu trop près. Il aurait préféré se tenir un peu en retrait. Il fut question de toutes sortes de choses. L'homme paraissait féru d'art et il se mit à parler des expositions récentes mais il lui semblait que la discussion fuyait. Il fut question d'une exposition de vidéos filmées à l'intérieur du corps, par des caméras utilisées généralement pour la chirurgie, qui révélaient enfin les membranes humaines au grand public amateur d'art contemporain. Les modèles étaient des célébrités de la pornographie mais il avait fallu inscrire leurs noms sur les cartels. Non seulement on ne les reconnaissait pas, mais il était difficile de distinguer nettement les parois de l'œsophage de celles du vagin ou de l'anus, ce qui fit son petit scandale, car Dieu, bien évidemment, ne nous a pas conçus comme nous sommes pour être vus de l'intérieur. La galerie reçut pourtant le soutien inattendu d'une communauté de hassidim qui appréciaient que, pour une fois, l'image de l'homme ne figurât pas. Les choses se gâtèrent un peu quand le boucher rituel, qui était également photographe amateur, proposa une série de bœufs écorchés, totalement vidés de leur sang, qu'il avait réalisée, sans objectif, en impressionnant directement la pellicule dans une immense chambre noire, également frigorifique. Belly Doll, un des modèles qui avait gentiment prêté ses membranes à l'expérience de caméra cachée, en fut révulsée. Elle était, par ailleurs, membre de la ligue protectrice des animaux et particulièrement préoccupée de la manière dont on abattait le bétail. La mort par électrocution lui paraissait le degré minimum d'humanité et, s'ils n'aimaient pas le sang, les hassidim n'avaient qu'à, comme elle, se nourrir de légumes. Le stagiaire essayait de suivre mais il avait un peu de mal. À la question « connaissez vous Belly Doll ? », il répondit que non. Il ne connaissait pas non plus l'exposition, il n'avait pas vu de films, pas visité de musées, pas lu de livres, pourtant il lui parut raisonnable de doser au hasard les réponses négatives et positives, de manière à ne pas éveiller le soupçon. L'homme semblait maintenant intarissable. C'était le délicat babil de la culture, de ces bourgeois modérés qui ont réussi à concilier l'aisance matérielle et le goût des arts le plus avancé ; il avait environ cinquante-cinq ans et les cheveux gris blanc. Bien que son visage ne soit marqué d'aucune ride profonde et même emprunt d'une certaine fraîcheur, il était difficile de l'imaginer jeune. Ni vieux d'ailleurs. Il paraissait figé dans un intemporel flétrissement probablement gommé aux microbilles, puis recouvert de crème hydratante, mais marqué par les toxines de la décision. Un homme aussi haut placé dans la hiérarchie ne travaillait peut-être qu'une ou deux heures par jour, et encore dans des bureaux en teck de Sumatra, ou assis dans des fauteuils en cuir de buffle mais, à un moment, surgissait la nécessité de la décision et là il n'y avait aucun recours. Ceci expliquait peut-être le dépérissement de cette peau lisse et diaphane. Le stagiaire se demandait si une caméra introduite à l'intérieur du corps lui eût révélé autre chose. L'homme lui demanda :

– Pourriez-vous faire mon thème astral ?

– Il y a des programmes tout prêts pour cela.

– Vous ne répondez pas à ma question, pourriez-vous faire mon thème astral ?

– Sans doute oui, mais je ne sais pas si je serais capable de l'interpréter.

– Mais vous pourriez analyser le contenu de mon chariot avec précision ?

– Certainement, mais toute la question est de savoir quel type d'informations vous cherchez.

– Et cela, vous pourriez me le dire ?

– Non, si vous ne me demandez rien, je ne saurais vous répondre.

– Et si je vous demandais si vous pouviez déduire quelque chose de la composition d'un panier ou d'un chariot, que répondriez-vous ? N'avez-vous pas aidé un policier à découvrir l'auteur d'un crime en scrutant son chariot ?

– Possible...

– Il s'agit de ma femme et j'ai un service à vous demander...

Le stagiaire sentit l'humidité froide de sa sueur sous ses aisselles mais l'homme ne se rendit compte de rien. Sa femme était une personnalité mondaine assez célèbre. Elle s'était fait une petite célébrité en jouant dans une série télé le rôle d'une assistante sociale, dans un lycée de banlieue, puis elle avait animé une émission culinaire et enfin lancé sa ligne de sacs en cuir qui imitait l'aspect du caoutchouc. Quand il sortit, il se demandait encore ce qu'il allait faire au sujet de la femme. Le cycle de vie du produit s'accélérait incontestablement : la série avait duré cinq ans, l'émission gastronomique deux seulement et les magasins ne marchaient pas très bien. A quoi servirait sa martingale ? Quand les gens vous demandent une prédiction, ils ont déjà enclenché le mécanisme agissant, on pourrait risquer « post-prédictif ». En fait juste entre le « pré - » et le « dit », ce moment qu'on ne peut se représenter comme aucun temps, juste des courbes qui ondulent, se tordent ou se révulsent. Certains services ne peuvent être ni donnés ni rendus.

Comment échapper au solipsisme ?

Cette question, je me l'étais souvent posée, surtout quand je m'imaginais devenir progressivement aphasique avec l'âge et que j'entrevoyais ma propre disparition sans aucune possibilité de recours. Je n'osais parler de salut. Peut-être le travail constituait-il encore le moyen le plus sûr de m'extérioriser. Les sons sont d'autant moins masqués que leur source est visible et mon appartement du quatrième étage, que j'occupais alors, me paraissait moins protégé que je ne l'avais pensé. Je décidai d'écrire tout ce qui était important ; je conservais de vieilles photocopies ou de la pelure de couleur. Je ne crois pas que le terme soit exact mais il me plaît de l'employer car, de cette pelure, je me disais que j'arrachais peu à peu les morceaux, sans savoir exactement de quelle chair cette peau pouvait bien être arrachée. Je prenais mon crayon de bois taillé des deux bouts et plutôt gras, en général BB. Ces notes aussi diverses que possible, rejoignaient le talon et semblaient pour un moment promises au sommeil. Curieusement, je manquais d'un espace où les disposer. J'avais essayé de les pointer au mur et cela recouvrait tout un côté de la pièce mais mes visiteurs ne pouvaient manquer de lire avec indiscrétion ce que j'y avais mis. Ils étaient persuadés que c'était accroché là pour être lu. Je ne pouvais le leur reprocher et cela me faisait un peu plaisir sur le moment mais rapidement, j'en éprouvais confusément une gêne et d'ailleurs bientôt, il n'y eut plus grand monde pour me rendre visite. Je ne le désirais pas et je restais silencieux quand quelqu'un venait frapper à ma porte. Il était plus difficile de résister à la sonnerie du téléphone, alors je le débranchais. Mes textes étaient toujours trop courts pour que je puisse m'en satisfaire et surtout, ils s'arrêtaient toujours en suspens au milieu de la page, au milieu d'une phrase, presque au milieu d'un mot. Je les gardais pour la fois suivante mais, la fois suivante, je commençais quelque chose d'autre. Cela venait de la particularité de chaque moment ou de la curieuse unicité qui nous pousse toujours vers les mêmes pensées dont je ne pouvais me défaire. Je repassais une cassette du *Clavier bien tempéré* et je me remettais à écrire les mêmes choses. Quand je me levais, le sang semblait se retirer de ma tête et je restais quelques secondes, stupide, à regarder un amoncellement de papiers sur le bureau que j'avais fabriqué avec une planche en aggloméré, sur lequel traînaient, le plus souvent, des tasses vides et des miettes de pain. Le talon est né de cette incapacité car, comme les jours, il se renouvelle et grossit des gestes quotidiens, tout en restant le talon. Ensuite, j'ai acheté une machine à écrire électrique pour remplacer celle de mon père. Elle me fatiguait les doigts parce que je ne savais pas modérer mon effort; j'appuyais de toutes mes forces, si bien que le papier était troué d'autant de fois qu'il y avait de points sur la feuille, mais les pages tapées, elles aussi, rejoignaient le talon, qui reste pour moi la matrice du monde.

Tout petit, je m'étais raconté des histoires, sans jamais réellement craindre qu'une de ces histoires devienne véritablement mon histoire, cette fois il me semblait bien que je m'étais pris à mon propre jeu.

Je me suis toujours refusé à acheter un animal. En effet, je me méfie comme de la peste des risques d'anthropomorphisme qui vous font croire que vous vivez avec quelqu'un alors que l'animal pose, de ce point de vue, des problèmes presque insurmontables. On ne peut réduire la question de l'altérité au problème de savoir s'il est bon ou non d'aller faire pisser son chien. Tous les maîtres se retrouvent ainsi, l'air de rien, sur les quais, avec leur animal qui y dépose consciencieusement son obole malodorante. Chacun se tait parce que chacun sait ce que l'autre pourrait dire. À moins d'accepter d'échanger des banalités, ce à quoi je me serais refusé absolument.

Je me disais que le plus étrange se tient déjà dans la syntaxe. Comment les mots sont-ils liés ? Comment les sons sont-ils articulés ? Il faut qu'à un moment, ce qui est absolument unique et quasiment ponctuel, s'arrache à sa propre unité pour constituer quelque chose de fragile et d'aussi énigmatique qu'une proposition et on se dit alors que tout est possible. Les mots sont à la fois à tous et à celui qui les profère. Ils désignent ainsi toutes sortes de choses. J'aurais aussi bien pu dire ce que dirait quelqu'un d'autre mais ne serais-je pas alors, moi-même, ce quelqu'un d'autre qui parle ? À moins que je ne me comprenne plus pour un moment. Il fallait une sorte de fond qui vienne recueillir tout ceci.

Le stagiaire/LISA

L.I.S.A. Il épelait les lettres de son nom machinalement. Le i était réduit au minimum, juste le point du i qui restait suspendu au-dessus du vide, comme un temps d'arrêt entre le l et le s, mais muet. Il se répétait son nom, le traçait avec ses pieds sur le sable ou dans la poussière et, à chaque fois, il ajoutait d'un dernier coup, un point de i rageur, qui ressemblait plus à un coup de talon qu'à un point.

Ils s'étaient rencontrés un jour ensoleillé d'octobre. L'air était clair et vif. Il faisait une température plutôt douce pour la saison et les arbres étaient encore verts, même si la sécheresse de l'été avait quelque peu terni et fripé les feuilles. Il conduisait tranquillement quand il l'aperçut. Elle marchait sur le trottoir avec les cheveux presque rasés, un pull léger sur le corps, laissait deviner la forme de ses seins qui semblaient flotter, ou plutôt battre une mesure délicate, dans laquelle la pesanteur ainsi qu'une évidente élasticité de la peau, jouaient un rôle déterminant. Elle portait une sorte de pantalon moulant, un caleçon qui permettaient de suivre le mouvement de ses fesses quand elle marchait. Ses mollets étaient fins et leurs courbes lui plaisaient. Il ralentit pour la voir, puis regarda dans son rétroviseur, mais la circulation le poussait et il voyait bien que le type derrière commençait à s'impatienter. Il poursuivit son chemin quelques centaines de mètres plus loin, puis le souvenir de la jeune fille commençant à s'estomper, il s'arrêta et partit à sa recherche. Comment retrouver quelqu'un dans une ville ? Où allait-elle ? Il était difficile de prévoir les trajets d'une inconnue à partir de la forme de ses seins et encore moins d'un souvenir incomplet, un fantasme où la courbe et le délicat sautillement de sa poitrine s'inscrivait dans son esprit comme une sorte de mouvement obsessionnel qui ressemble autant au modèle original qu'à une épure. Il contourna le marché aux fleurs. On apercevait, à cette heure, seulement des gens d'un certain âge et aucune tête rase ne se distinguait de la masse. Peut-être était-elle allée à la librairie voisine pour chercher un livre qu'elle avait pu commander ou simplement y flâner, mais lisait-elle ? Il ne savait qu'en penser. Il lui avait semblé qu'elle portait une sorte de sac, en bandoulière ou à la main, il n'était pas très sûr. Il se demandait si dedans il pouvait y avoir des livres. Le sac était d'assez grand format et plutôt plat, en plastique. Peut-être une poche du commerce. Il fit un détour vers le magasin de vêtements le plus proche, une boutique assez moderne où il était possible qu'une fille aux cheveux rasés se vêtît. La vitrine était nue. Il y avait quelques tuniques sombres proposées aux regards des passants, posées sur des parpaings. L'intérieur du magasin était blanc et curieusement terne. Des vêtements étaient accrochés à l'intérieur sur des cintres de métal chromé. Il se rendit compte que quelqu'un le regardait fixement. La vendeuse sans doute. Elle était maigre avec des cheveux noirs. Ses yeux étaient enfoncés dans leurs orbites et le maquillage accentuait encore ce trait de manière inquiétante. Il se dit : « Elle est sûrement passée par là. » Le stagiaire entra et dit : « Bonjour, je cherche une amie, elle devait passer chez vous, nous avons rendez-vous, elle a les cheveux rasés… »

— Lisa ? Elle ne m'a pas dit qu'elle avait un rendez-vous. Vous la cherchez ? Elle vient de passer il y a cinq minutes. Elle est partie acheter des aquarelles. Vous êtes qui ?

Le stagiaire dit son nom et sortit. Il lui sembla que la température de sa peau avait insensiblement augmenté et il sentit le sang lui monter à la tête. Ses oreilles lui chauffaient. « Acheter des aquarelles », il n'y avait pas beaucoup de magasins de couleurs dans le quartier, il se souvint de quelque chose, comme si c'était pour lui un souvenir qu'il avait gardé en réserve pour ce jour-là, et prit pourtant une direction qui ne lui était pas familière en se disant que, décidément, il avait commencé une sorte de filature, comme ces maniaques qui repèrent une femme et la suivent jusque chez elle pour la harceler. Un instant il fut sur le point de rebrousser chemin, il n'avait pas pris le temps de payer son parcmètre et il avait toutes les chances de se retrouver avec une amende ! Ses pensées couraient, un peu contradictoires, quand il arriva devant le magasin. La devanture en bois évoquait celle d'une échoppe traditionnelle mais un je-ne-sais-quoi laissait à penser qu'il ne s'agissait pas d'un vrai magasin d'autrefois. Sans doute lui manquait-il cette pointe de négligence qui signe le véritable bon goût, ce caractère décati qui rassure le regard avisé de l'agent immobilier en fonds de commerce, lequel sait reconnaître, à ces petits signes indéfinissables, la véritable bonne affaire. Il entra. Elle était là, devant lui. Il voyait sa nuque mince et délicatement creusée. Elle cherchait quelque chose dans un rayon. Soudain, il ne sut plus quoi faire. Que lui dire ? Il s'approcha d'elle, à environ un mètre, distance socialement acceptable, pensait-il, et commença lui aussi à s'affairer dans les fusains, les sanguines et mines de plomb. Il les regardait avec cet air concentré de celui qui pense à tout autre chose. De temps à autre, il jetait un petit regard furtif de côté. Elle regardait les étiquettes de prix avec attention. Elle avait plusieurs pinceaux à aquarelle dans la main. Le stagiaire vit son profil. Son nez était à peine retroussé et ses cils longs. On voyait, à travers les mailles de son pull, la couleur très pâle de sa peau et on devinait presque, comme une tache plus sombre, l'aréole du sein. Il n'était pas sûr. Il ferma un moment les yeux pour saisir son odeur. Il se concentra et saisit quelque chose d'elle, ce n'était pas l'odeur d'un parfum ou alors celui-ci s'était mêlé à la peau presque parfaitement. C'était une odeur de chair douce et tendre. Il fut tiré de sa rêverie par une question. On lui parlait. La jeune fille lui demandait le prix d'un pinceau qu'elle tenait dans la main. Sans réfléchir, il prit le pinceau et lui dit qu'il n'était pas du magasin.

— Et vous connaissez cette marque? Vous avez l'air de vous y connaître à farfouiller dans les rayons.

— Non, comme ça...

Il s'était alors perdu dans son regard. Deux grands yeux clairs sous des sourcils bien dessinés et sombres.

Quelques mois plus tard, ils n'habitaient toujours pas ensemble mais se voyaient régulièrement. Ils étaient « amis » et même de très bons amis. Ils s'étaient immédiatement désirés. Lui plus qu'elle, sans doute, car il est bien entendu que la libido masculine est plus certainement identifiable. Réflexe animal, presque automatique qui précipite le sang dans le corps caverneux et dresse le sexe au premier signal, qu'il soit hormonal, onirique, ou simplement celui d'une silhouette attrayante au détour d'une rue, même au milieu d'un embouteillage. Ce qui l'avait surpris, c'est qu'il avait tout de suite senti son désir à elle. Elle lui avait parlé avec une attention particulière, l'avait regardé d'une manière particulière. Elle était attentive, écoutait ce qu'il disait maladroitement, ses paroles incertaines. Elle avait pris l'initiative et lui avait proposé d'aller boire un verre dans un café pas loin; ils avaient bavardé longtemps. Ils avaient profité de la présence de cette chair attentive qui réagissait aux stimulations les plus secrètes et les plus imperceptibles. Chair amie et tendre, odorante, réactive comme les poils qui se dressent sur le corps pour signifier une émotion, ou peut-être un léger frisson de contentement. Ils s'étaient décrits l'un à l'autre comme des inconnus qui se rencontrent. Deux ethnologues, qui dans une forêt tombent l'un sur l'autre et recherchent quelqu'un qui soit effectivement l'autre, celui qu'on ne connaît pas, celui que l'on rencontre. Ainsi tous deux étaient assis de chaque côté d'une table de bar, accoudés et se dévisageant.

Il y avait aussi sa voix. Il prenait plaisir à l'entendre prononcer les mots qu'il connaissait comme si c'était une expérience nouvelle. Son timbre était légèrement voilé, et pourtant, on devinait qu'il pouvait devenir acéré. La voix était placée haut avec un ambitus large qui lui permettait de descendre pour dire les choses qui lui tenaient plus à cœur, puis elle remontait pour s'exclamer et rire.

Ce qui les surprenait le plus, c'était l'absence d'amour. Le mot même n'était jamais prononcé comme s'il avait dû gâcher la partie. Même après l'avoir sentie sous son corps et avoir joui d'elle, après l'avoir caressée et maniée doucement, il se refusait à un tel aveu. Peut-être craignait-il que le charme se rompît et qu'elle se mît à rire. Même en elle, il ne s'abandonnait pas absolument, ou plutôt, il s'abandonnait comme la chair s'abandonne jusqu'à ignorer qu'elle est autre chose que la chair anonyme d'un être vivant : des mains, un ventre, une totalité vivante qui se mesure à une autre totalité vivante et mobile qui l'enserrait. Il posait ses doigts sur le bord des lèvres de son sexe et il sentait son mouvement en elle. Après l'amour, ils restaient silencieux et souvent parlaient de tout autre chose. Il y avait un autre aspect : une sorte de complicité intellectuelle qui les réunissait, leur travail, leurs préoccupations... Entre les deux, il ne trouvait pas de place pour l'amour. Ils ne formaient pas un tout, ils n'étaient pas un couple, ils n'habitaient pas ensemble. Deux singularités réunies par une complicité sexuelle et qui se découvraient progressivement... C'était déjà beaucoup sans doute.

Lignes et courbes

Être enfermé ne lui plaisait pas. La nourriture était mauvaise et surtout, son verre de vin rouge lui manquait terriblement. Il n'aimait pas la viande de bœuf bouilli ni le porc qui suintait la graisse, il n'aimait pas plus le goût chloré de l'eau qui ne le rafraîchissait pas. Il n'avait pas beaucoup vu sa femme et il se demandait ce qu'elle pensait. On lui avait proposé un avocat, un homme pressé qui lui avait immédiatement demandé de plaider coupable. « Drame conjugal, jalousie, crime passionnel, vous pouvez éviter le pire ! » Il pouvait s'en tirer avec moins de vingt ans s'il y mettait de la bonne volonté.

Le conducteur de la voiture-balai avait toujours fait preuve de bonne volonté. Il avait réalisé ce que ses parents lui avaient demandé, répondu aux ordres de ses maîtres. Il avait épousé celle qui allait être sa femme quand elle lui avait dit qu'elle était enceinte. Il avait accepté au collège de suivre la filière de BEP qu'on lui avait conseillée. Il se souvenait, à la fin de la 3e, qu'un de ses prof qu'il aimait bien lui avait dit : « Tu sais, on ouvre une section BEP l'année prochaine : Techniques d'Hygiène de Voirie Adaptées aux Systèmes Urbains (THVASU !). » Une sorte de cri de guerre ! Les lettres avaient résonné dans ses oreilles comme un mystère un peu inquiétant et, en même temps, on lui offrait une voie de sortie. L'école, son ennemie. Pourtant ce prof lui plaisait assez, bien qu'il ait la mauvaise habitude de se tenir très près de lui, ce qui le gênait un peu sans qu'il sache trop pourquoi. Surtout, il avait une haleine désagréable, à la fois acide et fermentée, comme s'il avait une dent pourrie en permanence. Une odeur de choucroute et de bière mal digérées. Ses copains, toujours charitables, l'avaient surnommé « balai de chiotte », comprimé en « ba-de-chi », et ils s'amusaient beaucoup quand il prenait un élève à part à la fin d'un cours, lui demandant s'il avait tâté du balai. Ces remarques étaient incompréhensibles. Ils riraient sans doute quand il sortirait. L'homme était bienveillant et il avait évoqué d'une voix douce ses difficultés en classe, ses problèmes familiaux. « Tu verras, disait-il, tu seras tranquille, tu conduiras des engins, tu feras des stages. Tu seras payé, tu auras un boulot. »

Tout ce qu'il avait dit était arrivé. C'était vraiment quelqu'un de doué ce prof : il savait prévoir l'avenir ! C'était dommage cependant qu'il n'ait pas continué sa prédiction. Après son BEP, il avait fait un stage, puis quelques remplacements, il avait ensuite trouvé une place sûre dans le service de nettoyage de la ville, il s'était marié, avait eu des enfants. Chaque jour il se levait à 4 heures du matin et suivait la ligne des trottoirs avec son véhicule. Toute sa vie avait ainsi consisté à parcourir des labyrinthes, en longeant le bord droit, obstinément, pour ne pas s'y perdre.

Et puis, il y avait eu cette histoire dans le supermarché. On lui avait posé des questions. Il avait l'impression qu'on avait répondu à sa place, ou plutôt, que ses réponses n'avaient pas été à la hauteur de ce qu'on attendait. Il ne fallait pas dire : c'était l'amant de ma femme. Cette phrase, simple et vraie, avait déclenché une suite de catastrophes qu'il n'aurait jamais imaginées.

Le policier et le jeune homme l'avaient regardé d'un air amusé et sévère qu'il n'avait pas su interpréter tout de suite. Il avait eu depuis bien assez de temps pour y réfléchir. L'idée de tuer celui qui couchait avec sa femme lui était déjà venue. Dans sa tête, c'était « l'enfant de salaud », mais il avait abrégé l'expression en se disant à lui-même « l'enfant... » Et il ne finissait pas la phrase. Curieusement, cette expression ne lui était pas venue quand on lui avait demandé s'il connaissait la victime. Il se demandait maintenant pourquoi il se le figurait comme l'enfant et non pas le salaud lui-même. Cette question anodine le tracassait car dans l'expression «l'enfant» il y avait quelque chose qui l'empêchait de haïr.

Il avait découvert que sa femme le trompait, il y avait environ huit mois de cela et par hasard, si on peut dire que les choses se produisent par hasard. Ce dont il n'était pas totalement persuadé car il connaissait un certain nombre d'événements qui semblaient aller dans le sens d'une prédisposition des choses à prévenir avant d'arriver. Quelques mois plus tôt, son chef avait modifié son itinéraire : il fallait qu'il soit capable de faire son travail dans n'importe quel quartier, lui avait-il dit, autrement il serait tout juste bon à tourner en rond. Il n'avait pas protesté mais cela ne lui plaisait pas. Avant, il nettoyait son quartier, celui où il vivait. Il reconnaissait les rues du voisinage et pendant qu'il avançait lentement, en suivant la ligne de son trottoir, il s'imaginait les gens aux visages connus en train de dormir leurs dernières heures de sommeil avant que tout se mette en mouvement pour le travail. Cette pensée lui était agréable et familière. Il était en quelque sorte le veilleur, celui qui prépare la rue pour ceux qui vont bientôt partir au bureau ou à l'usine. Il passait devant chez lui et chaque jour il se disait : «Le réveil va sonner dans 50 minutes!» Il pensait à la chaleur du corps de sa femme dans sa chemise de nuit à fleurs, à sa fille avec son nounours, à son fils à moitié sorti du lit tous les matins et découvert. Ensuite, il avait changé d'itinéraire pour aller nettoyer quelques rues plus loin; quand on roule à 10 km/h, on a le temps de penser à plein de choses. Le rêve et même la distraction ne sont pas très dangereux à cette vitesse et d'ailleurs, ses yeux ne quittaient jamais la bordure. Dans le labyrinthe familier, il suivait le bord droit. Les courbures et les impasses lui faisaient parcourir tout le quartier.

Un jour, il avait eu envie de faire un tour dans son ancien quartier, comme ça, pour voir! Il trouvait que les rues n'étaient plus tout à fait aussi propres depuis qu'elles étaient confiées à un autre et il s'en sentait secrètement responsable. En bas de la rue où il habitait, il avait eu la surprise de voir une voiture du service de voirie stationnée devant chez lui. Il avait aperçu de loin une longue silhouette sortir de sa maison, à 7 heures du matin, et la voiture était partie en sens inverse. Son estomac s'était tordu subitement et un horrible soupçon était né. En rentrant du travail, il avait eu envie d'en parler à sa femme, mais que lui dire? Elle était d'humeur plutôt enjouée et il avait beau tourner la question qu'il avait sur les lèvres dans tous les sens, il ne savait pas comment commencer. Il avait évoqué, avec une nostalgie feinte, le temps où il venait nettoyer sa rue et elle avait simplement répondu : « Tu n'es pas bien loin non plus, cela ne change pas grand-chose. » Ces mots anodins lui semblaient comme un aveu. Pourtant, ils n'avaient rien d'extraordinaire et, à peser le pour et le contre, il n'aurait rien trouvé à leur opposer que des impressions vagues et sentimentales qui le mettaient toujours un peu mal à l'aise. Il avait essayé de prendre sa femme par la taille mais elle avait quelque chose à faire et n'y avait guère prêté attention. « Si on se met à y penser, tout peut rendre jaloux », se disait-il en essayant de se raisonner. À ce moment, la silhouette du matin se profilait à nouveau dans son esprit. À y réfléchir, elle était aussi fine qu'une ligne incurvée et souple qui répétait inlassablement les mêmes instants. Sans avant, ni après.

Le lendemain, il avait parlé à son collègue, celui qui partageait son itinéraire quand c'était son jour de récupération.

– J'ai un service à te demander.

– Oui ?
– Peux-tu me remplacer demain matin ?
– Si tu veux...
– Il ne faut pas que le chef le sache.
– Et s'il y a un problème ?
– Je ne peux pas t'expliquer mais il faut que tu le fasses pour moi.

Il avait vu à la télé des maris trompés surprendre leur femme et sortir de l'armoire en menaçant l'amant qui sautait nu par la fenêtre, mais l'armoire ne lui semblait pas de dimensions suffisantes et le chef était un costaud ! Il eut l'idée de se tenir dans la penderie qui était intégrée au mur. Il se cacherait entre ses costumes et ferait coulisser la porte. Mais comment faire croire à sa femme qu'il s'en allait alors qu'il restait ? Il pouvait se tenir dehors sur le petit balcon mais on pouvait le voir de l'extérieur et les volets seraient fermés. La penderie était la seule solution. Curieusement, sa femme ne s'aperçut pas qu'il se levait un peu plus tôt encore que d'habitude et elle mit même une bonne demi-heure à se réveiller. Il la vit avec une mise étrange, à la fois familière et inconnue. Il avait déjà envie de sortir de la penderie mais cela ne servirait à rien et tout se retournerait contre lui. Il était à demi penché dans une position peu confortable. Heureusement, il pouvait s'appuyer contre le mur. Il observait sa femme par l'interstice de la porte coulissante. Il se dit que dès que l'enfant de salaud serait arrivé, il pourrait sortir au grand jour et... Il ne savait pas encore ce qu'il dirait exactement, mais la colère est certainement bonne conseillère dans de telles circonstances et il était sûr que les mots qu'il fallait dire à ce moment lui viendraient naturellement. Sa femme sortit de la chambre un moment. Si ça se trouve il ne va rien se passer et elle va me trouver dans la penderie. Cette pensée le soulageait, mais en même temps, le terrorisait. Soudain il entendit une voix d'homme. L'homme et sa femme entrèrent dans la chambre. Il le voyait de dos. Il était nu ; on devinait dans la demi-obscurité des fesses musclées et glabres. Son envie de manifester sa colère fut un instant arrêtée par sa curiosité. Qu'allaient-ils faire maintenant ? Ce qu'il contemplait lui était étranger, c'était sa femme mais il ne la reconnaissait pas. La vue qu'il avait de la scène était très partielle et la pénombre n'aidait en rien à voir. Il ne voyait pas l'homme mais sa femme lui semblait penchée en avant et il devinait sa chevelure. Sa tête oscillait légèrement. Il lui semblait entendre le bruit d'embrassements. Elle ne disait rien mais l'homme parlait doucement, sa voix avait un débit un peu saccadé. Intrigué, il s'avança pour s'approcher de l'ouverture de la porte. Il vit l'homme à genoux sur le lit, le sexe dressé, qui s'avançait un peu et disparaissait de son champ de vision. Il voyait à présent juste ses fesses, l'homme s'était agenouillé sur le lit, et elles ondulaient légèrement. Que faisaient-ils maintenant ? Cela ne se passait pas du tout comme quand c'était lui qui faisait l'amour avec sa femme. L'homme continuait à parler doucement mais sa femme ne disait plus rien. Il était difficile de voir sans prendre le risque d'être découvert, pourtant les gémissements qui parvenaient jusqu'à lui semblaient marquer une certaine progression et lui-même se sentait participer à cette excitation. Il se dit que, de toute façon, ils semblaient bien occupés et qu'ils n'entendraient pas un froissement de tissu. Il poussa le manteau qui le gênait, vit le sexe de l'homme que sa femme engloutissait comme si c'était la meilleure chose du monde et cela le plongea dans un trouble et une perplexité inconnus.

Ce qui l'étonnait le plus, c'était que l'homme ne lui avait rien demandé. Cette femme, avec qui il avait partagé sa vie pendant des années, lui apparaissait, telle qu'elle était, les yeux ouverts et la bouche qui entourait le sexe de son chef comme un anneau de chair rouge, à la manière d'une étrangère. Derrière les traits familiers, il ne reconnaissait rien ni personne. Cela lui rappelait un film, qu'il avait vu à la télévision, où des extra-terrestres prenaient forme humaine mais ne parvenaient pas à reproduire les sentiments des hommes dont ils avaient pris l'apparence. À cela seul on les reconnaissait. Sauf qu'ici, c'était lui l'extra-terrestre. Il découvrait, sous le masque impassible de sa femme, des expressions inconnues. À ce moment, il se rendit compte qu'il était en érection et il se demanda si les extra-terrestres bandaient eux aussi.

La suite fut comme dans un rêve. Il était désormais trop tard pour se montrer. Ce serait risible d'avoir attendu si longtemps. Il ne pouvait plus bondir de l'armoire avec colère, car la colère véritable d'un mari trompé n'aurait jamais résisté aussi longtemps. Il ne pouvait non plus sortir en silence et dire : « Excusez-moi, je suis là dans la penderie et je vous épie depuis un moment. » Que lui aurait-on répondu ? Il ne pouvait se l'imaginer. Peut-être de participer ? Sa femme l'aurait alors trompé avec lui-même. Elle l'aurait regardé d'une façon différente et plus jamais il n'aurait pu la retrouver comme elle était auparavant. Cette pensée l'effrayait tellement qu'il retenait sa respiration. L'homme était maintenant sur la femme, tous deux respiraient très fort. Il voyait les fesses de son chef se contracter en petits mouvements brusques tandis qu'elle relevait ses jambes près de son buste. Ils changèrent encore une fois de position avec empressement. Elle était à présent couchée sur le ventre et poussait des cris sourds et rauques. C'était comme si sa voix avait mué, rendue elle aussi méconnaissable. Puis, ils se mirent à beugler tous deux. Il eut ensuite l'impression qu'ils se léchaient... C'en était trop pour lui, il ferma les yeux, cessa d'écouter et d'entendre jusqu'au moment où il perçut un bruit de robinet et le chef qui prononçait son nom, mais il ne put comprendre le sens de la phrase. La manière dont son nom avait été prononcé, était légère et ironique. Il se dit que ce pourrait être quelque chose du genre : « C'est ton mari qui devrait voir ça, il en apprendrait des choses. » Cette phrase, cette intonation, il se la repassait sans cesse et, peu à peu, des détails nouveaux se greffaient sur cette impression si minuscule. Il finissait par entendre le rire de sa femme, suivi de paroles qui restaient cependant indistinctes.

La ligne, ourlée d'ombre, qui occupait auparavant ses pensées fut dès lors, remplacée par ces paroles qui ressemblaient à celles d'un rêve.

La fluidité n'est pas un spectacle

Quelque chose l'avait particulièrement intéressé durant ses études, à tel point qu'il avait fini par y consacrer une bonne part de ses réflexions. Il était rassurant et inquiétant à la fois de penser que les choses puissent ainsi s'ordonner sans qu'on le veuille et même, d'une certaine façon, parce que justement on ne le voulait pas. Le plus étrange dans tout cela était le nom qu'Adam Smith avait choisi : *la main invisible*, celle qui remet dans la poche ce qu'on a donné, celle qui ôte ce qu'on a mis et qui n'est pourtant la main de personne. Main invisible et anonyme, car la main gauche ignore ce que fait la droite mais cette main-là ne se rapporte à aucun corps. Ce qui ne laissait pas de le surprendre résidait dans le fait que la main invisible n'était pas, à proprement parler, une métonymie car elle ne se substituait à aucun acte, aucun événement particulier. Rien de particulier n'aurait pu se substituer à elle, et pourtant, c'était bien elle qu'on ne voyait pas. L'acte restait, lui, parfaitement visible. D'une certaine manière, on aurait pu dire qu'il n'avait pas de cause : il était comme surgi de nulle part. Il y avait une sorte d'étourdissement à penser que tout un système reposât ainsi sur ce qui n'était peut-être même pas une métaphore, la métonymie impossible de quelque chose de parfaitement banal. Que les mots ne désignent rien, n'était pas bien grave; ainsi étaient-ils voués à la vacuité et l'accumulation de noms qui, un jour, tomberaient dans l'oubli en même temps que celui qui les avait proférés inutilement. Ces mots ne désignaient rien d'autre qu'un effet, et c'était déjà beaucoup trop pour qu'on puisse dormir la conscience tranquille, comme si elle était tenue éveillée par ce qui ne voulait pas disparaître avec les dernières sensations du jour.

Le stagiaire se souvenait avoir essayé de se représenter

la main invisible. C'était une main nue qui semblait surgir d'une manche sombre. Elle était agile et souple, affairée, et elle savait exactement ce qu'elle faisait, semblait-il, car, c'était la réflexion que se faisait le stagiaire dans ces moments de demi-endormissement, où ses pensées vagabondaient, il se demandait : « Comment une main peut-elle réellement être douée de volonté ? Penser pourquoi pas ! Mais que peut-elle réellement vouloir ? Une main blanche, sans âge. Qu'elle s'immobilise, et véritablement, elle n'aurait plus rien été d'une main. Elle se serait figée comme une concrétion. » Parfois, quand il se promenait, il se disait : « Tiens ! Voilà exactement la main invisible ! » À un rond point par exemple, il observait la manière dont les véhicules s'introduisaient dans le cercle de circulation. Les voies les plus chargées de transit se vidaient plus aisément que celles où les véhicules étaient rares, si bien que jamais il n'y avait réellement d'accumulation excessive. Que le modèle se laissât ainsi percevoir l'étonnait beaucoup. À y regarder pourtant de plus près, il n'y avait absolument rien à voir. Bien que le rond-point s'offre au regard dans sa totalité, il ne disait rien sur lui même. « La fluidité n'est pas un spectacle. » Ce fut la première phrase qu'il écrivit en haut de son cahier sur la première page : « La fluidité n'est pas un spectacle. »

Le lendemain, il acheta un sablier qu'il posa sur sa table de nuit. Il le retournait et regardait le monticule de sable qui se constituait dans l'ampoule de verre. Est-ce cela du temps ? C'était du temps par défaut, car comment nommer autrement ce petit cône de sable coloré qui se creusait pour se reconstituer ? Si ce n'était pas du temps, c'était quoi ? Chaque grain ignore ce que l'autre fait. Jusqu'à un certain point malgré tout ! Car quand il s'agit de passer le goulot, ça se presse au portillon ! Le temps surgit comme ce qui s'impose. Chaque grain est pour lui-même quelque chose de tout à fait suffisant.

Lorsqu'il proposa à son professeur « la main invisible » comme sujet de mémoire, celui-ci le regarda par dessus ses lunettes. C'était un homme au visage marqué, assez fort et impassible.

– Vous croyez sans doute avoir choisi quelque chose d'original ? Je vous préviens, c'est un sujet extrêmement rebattu, il vous faudra consulter à peu près la moitié d'une bibliothèque et vous ne trouverez que des miettes éparses et des pensums, auxquels vous pourrez ajouter le vôtre ensuite... Au fait, vous avez choisi le sujet pour la main ou l'invisibilité ?

Le stagiaire se souvenait avoir répondu quelque chose dans le genre :

– Ce qui m'intrigue, c'est de savoir si elle a des poils, agit-elle par flemme ou pour que tout fonctionne mieux.

– Vous voulez dire : ce qui régule provient-il d'une économie pure et simple ou y a-t-il quelque chose comme... une volonté ? Hum ! Dans le fond, moi les poils j'adore, vous auriez dû en venir au fait immédiatement.

Le stagiaire se souvenait de la figure goguenarde qui l'avait toisé. Il n'avait plus rien osé dire, pourtant, il pensait plutôt : une concrétion, quelque chose en plus, un petit quelque chose d'insignifiant, un détail, un pressentiment... Alors il avait quand même ajouté :

– Le terme d'économie, qui signifie au départ l'organisation de la maison, et, par extension, l'organisation d'un système, puis, à nouveau, par extension, le fait qu'on puisse se passer d'un des éléments du système pour l'amener à fonctionner encore mieux et plus rapidement, finit par se rayer lui-même, puisque le système en entier peut être, justement, cet élément qu'on raye et qui disparaît. Voilà pourquoi je veux travailler sur la main invisible.

Chez lui, il ouvrit le courrier et reconnut, au milieu des enveloppes et prospectus qui encombraient sa boîte aux lettres, un message de son amie Lisa, écrit au crayon de bois sur une feuille pliée en deux. Elle avait écrit « je suis passée, rappelle moi » et, en dessous, il y avait son nom, Lisa, écrit nerveusement sans fioritures. Le « L » séparé du reste et le « i » réduit à un simple point au-dessus du vide. « s » et « a » s'enchaînaient comme un méandre sec. « Elle ressemble à son écriture » pensa le stagiaire. Il continuait de tenir le papier, un peu rêveur, comme s'il avait cherché à retrouver dans ces quelques mots un peu de son odeur. Il ferma les yeux un instant puis se dirigea vers la cuisine pour préparer le repas.

N'avez-vous jamais remarqué que c'est toujours au moment où on est très occupé que le téléphone se met à sonner et, qu'à ce moment là, tout ce qu'on faisait semble, d'un coup, frappé d'inanité ? Il se lava les mains rapidement et décrocha.

– Bonjour, c'est Lisa, je suis passée.

– Oui, je viens d'arriver, j'ai vu ton mot, je n'ai pas encore eu le temps d'appeler.

– Tu pensais le faire ?

– Je te dis que je viens juste d'arriver et je suis crevé.

– Je croyais que tu te plaisais bien au milieu de tes colonnes de données, tes myriades de boîtes de conserve, tes kilomètres de rouleaux de PQ ! Je t'ai connu plus lyrique !

– Si tu continues je vais te dire des choses terribles…

– Je croyais que tu voulais faire l'anatomie d'un chariot ?

– C'est plutôt toi que je vais disséquer.

– Tu commenceras par quoi ?

– Il y a un protocole, si je peux voir le cœur palpiter, ce serait bien, mais cela fait un peu sentimental, je crois que je commencerais par le ventre.

– Tu veux dire le bas-ventre ?

– Non, le ventre en général, de toute façon, on arrive aux ovaires bien assez tôt. Je crois que je préférerais le foie, c'est imbibé de sang et j'y trouverais toutes tes toxines. Et toi ?

– Je regarderais directement dans ton estomac pour voir ce que tu as mangé.

– Et ton travail, ça avance ?

– Pas trop, tu passes ? J'ai tapé trois pages cet après-midi ? Je te les lirai si tu veux.

Le stagiaire remisa sa fatigue et s'en alla chercher dans son frigo un peu de pâte à pain pour faire une pizza. Il était pressé de sentir l'odeur douce et entêtante de sa chevelure et aussi de se souvenir de la chaleur de son corps.

Au téléphone, ils avaient conversé, mais la proximité de l'appareil est trompeuse. On s'introduit dans le canal auditif de l'autre, plus près que la décence ordinaire ne l'autorise en situation réelle. On entend le souffle et les mouvements de la langue. Une étrange proximité. Quand elle serait venue, ils ne diraient pas grand chose. Ils s'adonneraient au silence du rapprochement progressif des corps.

Comment devient-on commissaire ?

Avant de répondre, une courte réflexion sur la douleur car il est toujours désagréable de se mettre une écharde sous la peau alors qu'on est en train de bricoler, et c'est en train d'observer son gros orteil, serré dans son jean de bricolage, une pince à épiler dans les mains, que le commissaire se faisait ces quelques réflexions.

La douleur n'a pas besoin d'être forte. Elle commence par une simple gêne au niveau des reins ou un léger engourdissement dans la cuisse, ou peut-être l'étrange sensation du sang qui circule dans les veines. Je me disais : elle est là, et à ce moment, rien ne permet de penser qu'elle va s'en aller, il n'est plus possible d'en faire abstraction. C'était bientôt une idée de crampe qui se transformait en crampe manifeste. Hume avait tort d'affirmer que jamais une pensée n'est à même de produire une sensation. La douleur était là. Par exemple il se sentait tout à fait incapable de dire : voilà, je vais vous parler de la douleur, ses modalités, ses implications. C'est plutôt elle qui parle ou qui geint car elle ne s'entend déjà plus. Il ne faut peut-être pas non plus sous-estimer la résistance à la douleur : les mâchoires serrées sous le fouet, ou les cris sous les coups. N'y a-t-il pas un seuil où l'âme se tait absolument ? Ce fut à peu près à ce point qu'il réussit à extraire l'écharde de son pied. Il se releva difficilement car un mal vif lui barrait le dos et il avança courbé jusqu'à un canapé bas sur lequel il se laissa tomber. Sa femme lui avait préparé son somnifère « au cas où ». Il était posé près d'un grand verre d'eau. C'était la promesse d'un endormissement à heure fixe et il était bientôt une heure du matin. Malgré le harassement dû à un samedi presque entièrement consacré à la réfection et l'isolation de la cave, le commissaire ne trouvait pas le sommeil. Toute la journée il avait erré dans les magasins de bricolage avec ses cotes, à la recherche de la vis parfaitement adaptée, puis il avait scié des tasseaux, recoupé des étagères en aggloméré. Les choses ne s'étaient prêtées à son concours qu'avec la réticence qu'il leur connaissait, à chaque fois qu'il entreprenait un essai dans la partie.

S'il est une question à laquelle il semble bien difficile de répondre c'est : pourquoi on vit ? C'est déjà si étonnant de vivre, si insupportable aussi. Je ne veux pas dormir et disparaître dans les méandres de la nuit. C'étaient des pensées d'enfant mais on ne sait jamais exactement à quel moment on cesse d'être un enfant. La nuit d'où je viens. Pourquoi vivre ? Épanchements et émois ont présidé à notre vie, cependant cette vie est aussi pleine de travail et de peine qu'il est possible. D'occupations plutôt, mais la nuit m'enveloppe bientôt, mes outils sont désormais sur le sol, en bataille, et ils y resteront jusqu'à demain. Je me laisse envelopper par la solitude bienveillante et féconde de la nuit en laissant mon bricolage en plan. Tout cela en raison d'une écharde et aussi d'une certaine maladresse due à mon impatience. Ainsi, se disait le commissaire, un peu de lyrisme ne fait pas de mal. Après tout, je suis sûr qu'il n'y a personne pour m'entendre, toute la famille dort et je peux m'abandonner à mon romantisme de pacotille. Je suis entouré d'objets métalliques inutiles et hostiles qui, au fond, m'ennuient : tournevis, perceuses, scies sauteuses, tout cela pour des tâches dans lesquelles l'hostilité du monde se révèle constamment sous forme de disparitions – où est mon tournevis ? – ou de blessures, de coups de marteau malencontreux, et pourtant je m'obstine car, comme l'enfant, je ne suis pas résigné. Pour qui vivre ? Pour ceux que j'aime : ma femme et mes enfants, la vie qui est née de moi. L'amour et la tendresse. Le commissaire se sentit alors pris d'un irrésistible bâillement et il se dit que le somnifère qu'il avait avalé, pour boucher les trous dans ses neurones qui l'empêchaient de dormir chaque soir, commençait à faire effet. Il se sentait comme un enfant, plein de tendresse pour le monde, et cette bienveillance le menait très rapidement vers sa chambre où il s'endormait presque instantanément.

Le commissaire vivait dans une petite maison de la périphérie. Il y avait un jardin et des jeux d'enfants. Sa femme travaillait à mi-temps et prenait en charge une partie des tâches liées à la maison, et aussi les courses. De temps en temps, il l'accompagnait le samedi après-midi pour réapprovisionner la maison en vivres mais aussi en droguerie, et tout ce qui permet à une maison de fonctionner correctement. Le commissaire se satisfaisait de cette vie peu aventureuse et si conforme à ce que vivent les gens de condition moyenne. En fait, il avait toujours détesté l'aventure, l'avait méprisée même, car il y voyait un moyen commode et inconvenant de se distinguer. Se distinguer des autres ! *I'm not like everybody else*, un couplet des Kinks qu'il avait oublié mais que la lecture d'un roman autrichien lui avait rappelé. Je ne suis pas comme les autres... Je ne mets pas les mêmes chaussures, je ne m'habille pas de la même façon, je ne lis pas les mêmes livres, n'aime pas les mêmes peintres. Autant de déclarations pathétiques et inutiles.

Adolescent, il avait lu les aventures du Continental Op de Dashiell Hammett, mais, en France, il était difficile de devenir détective privé. Mieux valait être policier. Pourtant les choses ne s'étaient pas faites aussi simplement. Il avait traîné ses guêtres à la fac quelques années avec de tout autres projets. À ce moment, il ne pensait aucunement qu'il serait policier. C'est à cette époque qu'était née sa passion pour la philosophie et plus particulièrement pour la scolastique. Il s'agissait, là encore, d'un goût bien distinctif et pratiquement incommunicable. Une condition physique exceptionnelle et la pratique des arts martiaux l'avaient finalement décidé à entrer dans la police. Il s'y révéla d'une rare efficacité. Son goût prononcé pour la spéculation n'entravait pas chez lui la prise de décision et, le fait qu'il ne revendiquât jamais ses succès pour lui-même, fit qu'il était aussi recherché que mal reconnu par une hiérarchie qui comprenait mal qu'on puisse, à ce point, manquer d'ambition.

Poursuivre un criminel ou élucider un crime se révélait passionnant. La plupart des affaires étaient pourtant bien banales. Le plus souvent, le criminel ou l'auteur du délit ne se donnait guère de peine et s'il n'était pas pris par hasard, il s'enfuyait en laissant tout en plan. Tout juste s'il ne laissait pas son adresse et son emploi du temps ! Le plus étonnant était l'inachèvement même de l'acte entrepris. Le cambrioleur, après avoir fracturé une porte d'appartement, renversait quelques objets pour signaler son passage. Il volait quelques bijoux, un peu d'argenterie plaquée et oubliait un petit tableau d'Eugène Boudin qui trônait sur un des murs les plus en vue. S'il volait un tableau, c'était systématiquement une croûte achetée aux puces. Beaucoup s'enfuyaient même sans rien emporter. On les attrapait parce qu'un voisin avait remarqué quelque chose et le pauvre imbécile se retrouvait en prison pour deux ans, sans aucun magot, avec, en plus, le risque de se faire astiquer les sphincters s'il était enfermé par malchance avec une brute dont le taux de testostérone n'était tempéré par aucun idéal. Tant qu'à faire, mieux valait se retrouver avec un véritable homosexuel, une amitié pouvait se nouer. C'était pitoyable mais la vie humaine est souvent vaine et pitoyable.

C'était quelque chose qui le préoccupait, il avait peine à imaginer qu'on puisse ainsi négliger son travail et, à chaque occasion, il examinait la situation pour se demander comment il aurait fait, lui. Bâcler son travail quand on était voleur ou criminel ne lui paraissait en aucun cas en alléger la culpabilité, bien au contraire, il y voyait une sorte de cumul de fautes qu'il aurait volontiers assorti d'un cumul de peines. Il comprenait qu'on retire la plainte et qu'on embauche le *hacker* qui avait fait sauter toutes les protections mais le maladroit qui sabote le boulot lui paraissait mériter au moins les travaux forcés. Un jour qu'on lui faisait remarquer que la victime ne devait la vie qu'à la seule négligence du criminel, il répliqua sèchement que, s'il avait été à la place du criminel, non seulement il n'aurait pas raté la victime, mais encore, il n'aurait jamais mis en œuvre l'acte et que par conséquent le crime eût été parfait (non seulement parfait mais aussi impossible), puisque virtuellement sans erreur et non réalisé. Ce soin particulier le fit rapidement remarquer par son administration qui cherchait à exploiter son talent : on lui confiait progressivement les affaires les plus complexes, tout en se méfiant un peu de sa sensibilité politique. On s'était renseigné sur lui et l'avait fait suivre et cela l'avait plutôt amusé qu'irrité. Il savait qu'il existe une catégorie particulière pour ceux qui semblent indépendants et qu'on soupçonne pourtant de ne pas adhérer à une certaine vision, optimiste et un peu lénifiante de la société, on dit : anarchiste de droite. Du coup il était bien content qu'on ne sache pas qu'il avait milité, un moment, dans les mouvement de la JEC, cela l'aurait, du coup, fait paraître suspect. Le commissaire faisait toujours ce qu'on lui demandait avec zèle mais bientôt, quelque chose lui apparut, qu'il avait à peine soupçonné au début, il l'avait laissé sur le côté, car c'était assez déplaisant d'y penser.

Au départ, il s'était représenté le métier de policier comme l'expression de la loi, de la volonté de la communauté de contrer les efforts de ceux qui attentaient à son ordre et à sa tranquillité. Il avait, bien sûr, dû se rendre compte que la réalité des choses est plus complexe. Le policier sert souvent des intérêts qui lui échappent et il arrive aussi qu'il soit fort mal reçu par ceux-là mêmes qu'il est censé protéger. Il fallait sans doute un peu de candeur pour éprouver une telle déconvenue. Ce n'était pas exactement cela. Ce qui l'agaçait venait de ce sentimentalisme, fort partagé, envers les victimes de la loi, ou plutôt de cet aveu, presque général, de faiblesse, qui faisait de lui un individu solitaire. Il ne l'avait jamais vraiment souhaité mais il fallait s'y résoudre. Le métier contenait une certaine part de solitude. La société s'était déchargée sur lui et ses collègues d'un fardeau pesant qui, trop souvent, se faisait sentir à son poids exact. La brutalité était alors presque un repos car si le taux d'adrénaline montait un peu, cela se passait brièvement, comme dans les séries, sans état d'âme, et voilà ! Il était plus difficile de traquer un criminel anonyme.

Il y avait de cela quelques années, on l'avait chargé de l'enquête après un crime particulièrement odieux. Il avait passé plusieurs mois sur l'affaire et, à mesure qu'il avançait, il sentait qu'il cernait de mieux en mieux la personnalité du criminel. Son mobile, sa méthode lui devenaient progressivement familiers. Pour trouver, il fallait comprendre. Mais cette compréhension ressemblait bien peu à la représentation synoptique qu'on aurait pu tracer sur un tableau. Il s'agissait de marcher dans l'ombre de celui qu'on suivait. Il est un moment où le prédateur fond sur la proie après l'avoir suivie et repérée, et son ombre la recouvre totalement, au point que la proie devient une partie de lui-même, ingérée puis digérée. Le traqueur connaît si bien ce qu'il guette qu'il ne peut s'empêcher de considérer la prise comme un moment douloureux. L'homme était cruel, lui-même un traqueur. La capture fut terrible. Un flagrant délit. C'était un individu, à peu près de son âge et de sa corpulence, qui lui ressemblait presque. Un homme vindicatif et brutal qui avait tué sauvagement, plusieurs fois, sans aucune considération pour la vie. Il avait tiré à bout portant sur quelqu'un qui avait voulu entraver sa fuite, lui faisant sauter la boîte crânienne. Il s'était enfui ensuite avec un otage, une femme qu'il avait à demi égorgée. La traque avait duré longtemps et, à mesure que le but approchait, le commissaire avait ressenti une sorte de pitié pour lui qui n'en avait manifesté aucune. Il s'était, bien sûr, senti soulagé au moment de la capture mais il se souvenait l'avoir vu, enfin, entravé par les menottes et gardé par deux policiers, il s'était approché et l'autre l'avait regardé dans les yeux. Le commissaire s'était senti particulièrement sensible à ce regard. Il y avait une sorte de fascination, de profonde intimité. L'homme était inexpressif, comme quelqu'un qui sort d'un cinéma. Toute agressivité avait disparu. Seules les menottes et la situation le désignaient comme coupable.

«Toutes les sociétés ont produit des criminels», se disait le commissaire. La loi n'est que la reconnaissance de ce fait banal. Tu ne tueras point! Mais Abel gît déjà dans son sang! Pourtant, il lui semblait bien que le crime était un acte singulier : jamais il ne pourrait devenir lui-même la loi. C'était une question qu'il ne pouvait résoudre.

Tout comportement déviant, du plus anodin, au plus criminel, ne l'est que par rapport à une norme sociale. Toutes les sociétés ne s'accorderont pas sur la nature du crime, mais toutes connaissent la possibilité du crime... Même une société de démons... Sur ce point il restait perplexe. Le problème de la responsabilité relevait de l'appréciation de la justice et de la réflexion que toute société pouvait faire sur elle-même. Cela n'empêchait pas que, même dans la société la plus corrompue, ou la plus injuste, il restait du devoir du policier de traquer le crime. Il revoyait alors dans sa mémoire la fameuse scène de

M. le maudit jugé par un tribunal de malfrats. Il y a dans le crime une irréductible singularité. Il ne peut devenir la règle. Pourtant il semblait bien qu'à certains moments le crime soit l'expression la plus précise de quelque chose qui le dépasse. Restait à savoir quoi.

C'est toute la société qui se déversait en lui sans qu'il l'ait conviée. Le gardien des normes était aussi celui qui devait savoir pourquoi on les transgressait. Les liens avec le milieu lui avaient paru au départ un peu étranges mais c'était comme l'image inversé du monde qui l'employait. Les malfrats étaient souvent de redoutables spécialistes des normes. Malgré leurs dénégations, ils connaissaient presque toujours exactement la valeur de la loi enfreinte. Rien n'était plus pathétique que le désarroi d'un criminel condamné injustement. Une telle confiance dans le pouvoir de la loi relevait presque de la naïveté. Les problèmes les plus difficiles à résoudre se tenaient toujours sur la lisière. Un geste presque hasardeux qui grippe soudain la machine.

Il repensait à ce type qu'on avait arrêté dans le supermarché. Le mobile était d'une telle évidence et ses explications si embarrassées qu'il n'avait pas beaucoup de chances devant un tribunal. Pourtant il n'avait pas avoué. L'aveu ne signifie pas forcément qu'on tient la vérité. Il y a des gens qui avouent par plaisir ce qu'ils n'ont jamais commis. D'autres, au contraire, sont capables de résister à toutes les tentatives de persuasion, d'intimidation. Il ne faut pas trop faire confiance à son sentiment intime. Celui-ci l'avait trop souvent trompé. Pourtant ce pauvre conducteur de voiture-balai lui avait semblé vraiment pitoyable, c'est-à-dire digne de pitié. Comment expliquer cela ! La pitié n'est pas vraiment une vertu policière. Elle nuit plus qu'elle ne sert. Il faut tenir les faits pour ce qu'ils sont et les déductions pour ce qu'elles valent. Le reste n'est bon que pour les avocats.

L'idée d'avoir envoyé un innocent sous les verrous ne lui était cependant aucunement agréable. Il avait fait une expérience pénible en début de carrière. Un prévenu s'était donné la mort dans sa cellule quelques jours après avoir été arrêté. Il n'avait été possible d'établir avec certitude ni son innocence ni sa culpabilité.

Éthiopique

Il y a dix ans à peine, j'accompagnai mon ami J.C. à Jérusalem pour enregistrer des chants de l'Église orthodoxe éthiopienne. Il m'en avait souvent parlé et il pensait que cela pourrait m'intéresser. Le voyage fut pénible. Sitôt arrivés, la chaleur nous saisit. Les vêtements de coton semblaient immédiatement trempés de sueur. J'avais pris un chapeau, un vieux panama un peu défoncé car je ne supporte pas le soleil. Je devais sembler assez pittoresque au chauffeur de taxi qui nous avait emmenés à notre hôtel; peut-être portait-il son hilarité avec lui. L'enregistrement nécessitait un peu de matériel et la présence d'un ingénieur du son qui transportait une assez petite valise de métal. Un homme peu loquace, il répondait cependant aux questions qu'on lui posait mais sans jamais en dire plus qu'il n'était nécessaire. Il avait avec lui un magnétophone numérique et plusieurs micros qui me parurent très petits. C'était un chasseur de son professionnel et nous pûmes apprécier la discrétion de son installation. Il avait également un casque audio spécial qui lui permettait d'écouter ce qu'il enregistrait. Le studio portable se réduisait au volume d'un assez gros attaché-case. Il ne posa aucune question sur la musique qu'il devait enregistrer.

L'hôtel était climatisé et de standing correct. En fait nous nous trouvions au milieu de touristes à demi-pèlerins qui semblaient exténués quand le soir venait. Des hommes et des femmes de plus de soixante ans pour la plupart qui avaient payé un forfait. Il régnait une atmosphère particulière cosmopolite et familière à la fois. Les gens commentaient la nourriture le plus souvent. Certains transportaient avec eux la *Bible* ou le *Nouveau Testament* comme un guide touristique. Il y avait des juifs, des protestants, parmi lesquels une forte proportion d'évangélistes américains, mais aussi des catholiques, des orthodoxes, des bahaïs, des adorateurs du feu, des animistes... On avait l'impression que toutes les religions de la terre s'étaient données rendez-vous dans cet hôtel sans caractère particulier mais bien placé. C'était une sorte de tourisme religieux que je n'ai rencontré nulle part ailleurs sous cette forme.

Nous nous rendîmes le lendemain à la cathédrale Kidana-Mehret. Je cite mon guide acheté pour l'occasion, « La cathédrale est conçue comme un emboîtement : au cœur, le Qeddest, une chapelle carrée réservée aux moines, elle est entourée par le Maqdas, une galerie circulaire délimitée par douze piliers. C'est dans le Maqdas que communient les fidèles. Au-delà des douze piliers, c'est le Qênê Mahlet, une grande galerie qui fait le tour de l'édifice. » Nous étions attendus par un moine du monastère de Däbrä Gänät. Nous l'appelions « abba », père. C'était un moine assez âgé déjà et aux traits émaciés. Il s'exprimait dans un français correct mais lent et coloré par un accent marqué si bien qu'il me fallait l'écouter avec attention. Je me rendis compte qu'il avait entamé la discussion dans ma langue, par politesse certainement, car mon ami maîtrisait l'Ahmarique. Il se passa pendant les essais quelque chose d'assez amusant. Les moines, qui pourtant connaissaient les techniques modernes d'enregistrement, s'avérèrent à peu près incapables de chanter devant les micros. C'était très étonnant que de sentir cette réticence extrême devant tout ce qui pouvait ressembler à une mise en scène. J'avais pourtant eu l'occasion d'assister à plusieurs séances d'enregistrement de musique chorale, pour des disques dont on m'avait demandé de rédiger la plaquette, mais jamais je n'avais constaté une telle incapacité. Ils ne chantaient pas pour une assistance et leur disposition même rendait impossible qu'ils puissent le faire.

Le mieux était encore d'enregistrer un office sans se faire remarquer. C'est là que notre ingénieur du son s'avéra tout à fait adapté aux circonstances. Il posa ses micros en retrait et traça des fils presque invisibles, comme s'il tissait sa toile. Il avait avec lui une grosse alimentation qui lui offrait des heures d'autonomie. Le mieux était de laisser le magnétophone tourner pendant la messe. La disposition des moines ne rendait pas l'enregistrement très facile car ils étaient dispersés dans le Maqdas. Cela me rappelait les difficultés que nous avions eues à enregistrer *45* de Cage dans une bastide du Gers lors d'un festival d'été.

Il flottait une sorte de brume bleue qui apparaissait de manière filandreuse quand un rais de lumière la traversait. L'odeur d'encens était forte et s'attachait aux vêtements si bien que, quand on se retrouvait le soir dans sa chambre, on en était encore imprégné. Le plus extraordinaire pour moi fut de constater à quel point l'ensemble, je n'ose le nommer ainsi, était asynchrone. Les moines psalmodiaient ou chantaient le même texte mais ils ne semblaient pas réellement se soucier de le scander à l'unisson. Il n'y avait pas de temps. En tout cas, pas de ce temps que nous écrivons sur les portées et balisons de barres de mesure. Il y avait le temps de la messe, du texte chanté, celui de la co-présence des moines à Dieu : la communion. C'était un chant inimitable, brouillé, éclaté, qui retenait en lui toute sa ferveur.

La comparaison avec *45* de Cage trouvait ici sa limite. Sans doute chaque instrumentiste jouait aussi, sans barre de mesure, une musique qui, dans tous les cas, ne pouvait durer plus de 45 minutes, mais c'étaient des corps tout entiers tendus par le souffle, qui pressaient leurs lèvres contre des becs de bakélite, ou les écrasaient contre des bouches de cuivre. La parole s'était désormais tue et le bourdonnement des instruments faisait trembler les fondations de la bastide.

Quelques mètres carrés

La cellule d'un prisonnier ne mesure guère plus de quelques mètres carrés. Peut-être quatre ou cinq. Il est difficile de s'y dégourdir les jambes. Le mobilier y est réduit au minimum nécessaire et la journée passe d'une façon qui ne laisse pas de place à l'imprévu. Le conducteur de la voiture-balai avait assez mal supporté les premiers mois de détention. Il avait maigri et son visage lui était progressivement apparu dans la glace comme celui d'un autre. Un homme inconnu aux joues creusées et souvent mal rasées. Sa peau couperosée avait blêmi, ses yeux s'étaient enfoncés et semblaient, de loin, entourés d'une auréole sombre. Que faire dans une prison sinon penser ? Mais à quoi ?

L'homme avait pendant deux mois pensé à sa femme qui ne venait pas le voir. Il aurait aimé lui parler et lui expliquer qu'il n'était pour rien dans tout ce qui était arrivé. Sans doute s'imaginait-elle que c'était lui qui avait tué son amant. Cette idée n'était au fond pas réellement désagréable car tuer l'amant de sa femme est aussi une preuve d'amour et une affirmation de soi. La vérité était plus complexe et le conducteur de la voiture-balai ne pouvait s'empêcher de penser à ce qui était arrivé avant le crime.

La vie avait été assez difficile pour lui mais cette période certainement plus que toute autre. Il était rentré chez lui le soir et sa femme l'avait accueilli exactement comme si de rien n'était. À peine de bonne humeur et indifférente. Il avait essayé de l'approcher, de la prendre dans ses bras mais elle s'était dérobée sans même lui montrer qu'elle ne voulait pas, juste comme quelque chose qui ne se laisse pas prendre : de l'eau, du sable… Il aurait fallu lui parler, mais ce qui manquait c'était l'occasion de la discussion qui ne tombait jamais comme il fallait. Il avait parlé de son travail, de son chef en guettant quelque réaction. Rien de sensible ! Il s'était dit : « Elle prête désormais si peu attention à moi que je peux parler de n'importe quoi, elle ne m'entendra même pas. » Peut-être en était-il ainsi depuis des années. Ils échangeaient des paroles insignifiantes et ne se disaient plus rien. S'étaient-ils d'ailleurs un jour dit quelque chose ? Il n'en était plus réellement sûr à présent. Comment commencer ? Chaque parole en appelait une qui la précédait et on pouvait remonter loin comme cela sans jamais trouver la première parole. Frapper ! Il y avait pensé, bien qu'il n'ait jamais été d'un naturel violent. Cela aurait été une entrée en matière mais elle se serait moquée de lui si jamais il avait évoqué l'épisode de la penderie. Il n'avait rien à dire à cette femme indifférente et celle qu'il avait entrevue, lorsqu'il était caché, l'intimidait terriblement. Que faire ? Il aurait fallu parler de choses qui restaient très inconvenantes, sauf si on utilisait les mots qui injurient comme : « salope », « putain ». Ce n'était pas cela qu'il voulait lui dire. Il voulait la toucher, sentir son corps d'étrangère. À ce moment-là, il entendait tinter à ses oreilles les inflexions moqueuses du chef et son nom se détachait soudainement comme quelques notes claires qu'on retient dans une mélodie un peu confuse. Il l'avait haï, mais aussi, il avait pensé que cet homme savait apporter à sa femme ce que lui n'avait jamais su. L'autorité du chef semblait toucher à tous les domaines. Il savait organiser le travail et régler un moteur, faire un rapport à l'ordinateur sans fautes d'orthographe, il savait aussi manier un sexe de femme jusqu'au moment où il se livre et, par ses paroles douces, obtenir des faveurs qu'il ne demandait pas expressément. Le pouvoir avait-il un effet sur l'excitation sexuelle ou lui avait-il offert des bijoux ? Le conducteur de la voiture-balai réfléchissait. Non, si sa femme avait reçu un cadeau, il l'aurait remarqué. À moins qu'elle l'ait caché dans un tiroir. Ces conjectures ne pouvaient véritablement prendre corps. Il est difficile de penser dans une cellule de quelques mètres carrés, on dirait que les pensées même y sont enfermées. Le mur jaune et le sol de carrelage rouge brun étaient particulièrement propice à l'obsession : le retour incessant des mêmes pensées. Comment ne plus penser à ce qui nous occupe tout entier. La nourriture était fade et ne constituait pas en elle-même un événement suffisant pour le distraire.

Un jour, il reçut une lettre. C'était sa femme qui lui écrivait. Il n'y avait pas d'adresse. Jamais elle ne l'avait appelé « mon chéri » ou un mot du même genre. Son prénom n'était pas non plus mentionné. Elle disait : « Tu comprends bien pourquoi je ne suis pas venue te voir. » Ce n'était pas une lettre de rupture mais elle lui faisait savoir qu'elle ne viendrait pas et que les enfants non plus ne viendraient pas. Elle voulait déménager et il y avait un certain nombre de problèmes matériels sur lesquels elle s'attardait. Il retourna la lettre. Il n'y avait rien de l'autre côté. C'était pire que ce qu'il s'était imaginé. Il n'y avait aucun reproche. Rien qu'une sorte de résignation.

Les carreaux du sol faisaient environ 20 cm de côté. Ils étaient marbrés et on pouvait voir dessus des figures compliquées. Le conducteur de la voiture-balai parcourait du regard ces petites masses colorées. C'était comme une ville vue de haut avec ses blocs de maisons, ses squares et ses rues et il se représentait lui-même dans son petit véhicule en train de parcourir méthodiquement les rues très tôt le matin en veillant à bien suivre le trottoir des yeux. À quoi pensait-il quand il suivait cette ligne continue ?

Il aimait bien le bruit de la machine qui emplissait le véhicule et le berçait. Ce bruit lui manquait à présent. Il aurait bien aimé que quelqu'un rentre dans sa cellule pour passer l'aspirateur. Il se serait mis sous ses draps et aurait écouté.

La solitude n'était pas exactement une nouveauté pour lui et pourtant il y avait une chose qu'il ne supportait pas dans la cellule, c'était de ne pas savoir ce qui se passait au-dehors. Que faire toute la journée? Il avait une radio et il écoutait les programmes. Des voix débitaient tous les jours les mêmes choses. Il était à peu près informé de ce qui se passait mais cela n'avait aucun sens. La fenêtre était haute et ne donnait que sur le ciel. Il contemplait le passage des nuages. Un jour qu'il recherchait un programme, il entendit une musique étrange et inhabituelle. C'était une sorte de musique de messe très apaisante et qui lui parut étrangement compliquée. Il y avait beaucoup de voix, on aurait dit un tourbillon sonore qui l'enveloppait. Quand le morceau fût terminé, un homme prononça le nom du compositeur ainsi que celui du morceau mais, encore tout rêveur, le conducteur de la voiture-balai ne l'entendit pas. C'était un nom en «em». C'était bien peu.

Un homme vint le voir le lendemain pour lui demander s'il était intéressé par une activité organisée dans le cadre de la prison pour l'éducation des prisonniers. Il était possible de commencer des études. Le prisonnier déclara qu'il n'avait jamais été très brillant mais qu'il aimait bien lire. L'homme était professeur de lettres et il pouvait également enseigner la conjugaison. Le conducteur de la voiture-balai déclara qu'il n'était aucunement intéressé par la conjugaison et à partir de ce refus une longue discussion s'engagea.

– Vous aimeriez passer un test?

– Votre test ne vous dira pas grand chose, sauf ce que je sais déjà. Je ne suis pas très à l'aise pour écrire et je fais des fautes mais ce n'est pas ce qui m'intéresse.

– Qu'est-ce qui vous intéresse?

– J'aimerais savoir pourquoi je suis là.

– Je ne suis pas ici pour discuter avec vous de la raison pour laquelle vous êtes là, cela ne me regarde pas et de toute façon je n'y peux rien. Par contre, je peux vous apprendre un certain nombre de choses.

– Ce que vous pouvez m'apprendre, peut-être que je le sais déjà et, si je ne le sais pas, comment savoir si cela peut m'être utile ?

– Rien de particulier qui vous intéresserait ?

– J'aimerais apprendre la philosophie. On dit qu'avec, on prend mieux les choses, je ne sais pas ce que c'est et ça m'étonne beaucoup de savoir que certains savent ce que j'ignore complètement.

– Ce n'est pas facile à apprendre vous savez, et moi-même...

– Vous ne connaissez pas la philosophie ?

– Vous savez, j'ai étudié les Lettres et ce n'est pas pareil.

– C'est quoi les lettres, de quelles lettres s'agit-il ?

– De la littérature.

– ?

– Vous savez, les romans, la poésie...

– Vous écrivez de la poésie ?

– Non, pas vraiment.

– Vous la faites apprendre par cœur ?

– Non je l'étudie, je l'analyse.

– Mais pour quoi faire ?

– Pour comprendre, et savoir ce qui se cache derrière les significations les plus évidentes.

– Et c'est ça les lettres ?

– Oui et c'est différent de la philosophie qui, elle, s'intéresse plutôt aux concepts.

– ?

– Aux idées si vous préférez.

– Et vous ne vous intéressez pas aux idées alors ?

– Si, mais pas de la même façon. En littérature, les idées ne sont pas l'essentiel. Il y a des logiques textuelles, enfin des manières d'écrire qui sont aussi importantes. Si vous ne les comprenez pas, le sens vous en échappe.

Le jeune professeur continuait à développer son point de vue en s'échauffant progressivement jusqu'au moment où il se rendit compte que l'homme ne le suivait plus. Il promit de revenir le lendemain avec la liste des cours disponibles.

Ce qui arriva. Le conducteur choisit dans la liste un cours qui le fit immédiatement rêver. Le titre était : « Prophylaxie de la chèvre allaitante. » Le jeune professeur ne dit rien tout d'abord. Lui qui semblait d'ordinaire extrêmement prolixe en commentaires ne paraissait avoir aucun avis à donner dans cette circonstance précise. Il hasarda pourtant une question : « Vous avez des chèvres ? »

Le prisonnier n'avait pas de chèvre, il n'en avait jamais eu, ni ses parents, ni leurs parents qui vivaient déjà en ville dans des appartements exigus ou des maisonnettes aux jardins minuscules, juste assez grands pour y cultiver un carré de légumes. Des carottes, des poireaux et des pommes de terre, un lapin quelquefois mais pas de chèvre. La tripartie légumière et prolétarienne y croissait à l'étroit mais à l'abri de toute dégradation caprine, sous l'œil débonnaire d'un rongeur, encagé lui aussi.

Les délices caprins étaient réservés aux soixante-huitards dépités qui avaient fui la ville et ses nuisances pour trouver la paix sur un causse désolé dans le Midi de la France ou dans un contrefort isolé des Cévennes. Là ils avaient découvert le dur labeur, les péripéties de l'élevage caprin, la brucellose et les pertes d'exploitation qui grèvent avec une égale insouciance les bourses des utopistes comme celles des autres. L'exploitation s'était maintenue après bien des déboires et beaucoup de persévérance. Le fils, après quelques études au lycée agricole, avait entrepris des études de zootechnie à la grande satisfaction de ses parents qui pensaient pouvoir trouver un jeune associé qui reprendrait le flambeau. Le fils cependant avait trouvé qu'une génération sacrifiée c'était assez et avait décidé de gloser sur la prophylaxie de la chèvre allaitante plutôt que de se lever chaque matin à cinq heures pour vérifier le bon fonctionnement de la trayeuse qui, bien qu'alimentée à l'énergie solaire grâce à un énorme et disgracieux capteur, n'en constituait pas moins une concession à la productivité. Il s'était, un jour, présenté à un concours de la fonction publique et l'avait obtenu, passant d'un seul coup du secteur primaire au tertiaire sans s'arrêter en chemin. Il avait été nommé sur un poste aux contours incertains comme titulaire-remplaçant dans la banlieue informe d'une ville ennuyeuse. C'est là qu'on lui avait proposé un demi-poste, détaché de l'éducation nationale, d'enseignement dans les prisons. Il avait proposé un cours qu'il avait en réserve sur un sujet qu'il connaissait parfaitement : « Prophylaxie de la chèvre allaitante. » Personne ne lui fit aucune réflexion sur le contenu de son cours. Était-il adapté à la population carcérale ? Il vit le titre de son cours au milieu d'une liste qui semblait tout à fait hétéroclite : « Géographie du Hoggar, rituels prénuptiaux dans les romans populaires du XIXe, la corrosion des métaux, etc. » Il se dit que, même à l'université, il n'aurait pas bénéficié d'une telle liberté. Chacun définissait son programme, il n'y avait aucun contrôle. Le cours commençait la semaine prochaine. Mardi à huit heures du matin.

Premier cours

C'était la première fois qu'il arrivait à la prison si tôt et l'effet était très différent de ce qu'il avait imaginé. À huit heures il faisait encore nuit, la prison n'apparaissait pas blanche mais sombre. Une sorte de bloc qui se détachait difficilement de son milieu de brume. Les lampadaires orange projetaient une lumière étrange qui donnait à ce banal bloc carré une allure de décor de cinéma. La prison était située sur un des boulevards intérieurs de la ville. C'était une construction sans âge qui aurait pu avoir cinquante ans aussi bien que cent. Il ne se sentait pas en mesure de l'apprécier précisément. Sa vétusté était évidente mais elle semblait faire également partie du décor. Une prison neuve eût paru plus rébarbative. Il avait été un moment question de la déplacer dans un quartier moins résidentiel. En fait les gens du voisinage ne s'étaient jamais plaints de la proximité de la prison. Ils voyaient par contre d'un très mauvais œil qu'on la transforme en discothèque ou en musée d'art contemporain, en raison des contraintes nouvelles qui en résulteraient : essentiellement le bruit et les difficultés de stationnement. D'autre part, les administrés n'avaient pas envie de payer pour le confort des prisonniers et un groupe de pression efficace avait réussi à obtenir le statu quo. C'était l'époque où on commençait à parler de prisons privées. Le débat était assez problématique pour qu'on se dépêche de penser à autre chose. La prison était restée là, laide mais peu remarquable. Il y avait juste écrit sur une palissade de sept mètres environ « prison » en relief, au dessus d'une porte blindée.

Les précautions à l'entrée n'étaient pas plus impressionnantes que celles qui existent dans certain clubs pour noctambules. L'accueil était débonnaire et indifférent et on ne vous dévisageait pas. Cette prison figurait en tête des prisons inattaquables, tout simplement parce qu'elle n'avait jamais été attaquée. Il y avait bien eu quelques évasions mais la dernière remontait à plus de dix ans. Le cours était donné dans une pièce claire, sans barreaux, qui ressemblait autant à un réfectoire qu'à une salle de classe en raison des tables en formica vert, trop larges. Il n'y avait pas de tableau mais une espèce de chevalet avec des feuilles de grand format punaisées dessus et quelques crayons feutres sur le rebord. La salle était vide. Ce n'est qu'au bout d'un moment que le premier élève apparut. Il s'avéra bientôt qu'il était le seul à suivre le cours. C'était un homme d'une trentaine d'années, un peu plus, à bien y regarder. Il était un peu voûté et ne semblait pas très expansif. On ne discernait pas chez lui la moindre trace de violence mais on l'avait prévenu. Il ne fallait pas se fier aux apparences. Les plus dangereux n'étaient pas toujours ceux qu'on croyait. L'homme le salua et s'assit derrière une table. La situation était un peu étrange. Comment faire cours à un seul élève ?

– Vous êtes le seul à assister à mon cours ?

– Je ne sais pas.

Le silence se prolongea un moment. Le jeune professeur finit par sortir de la salle pour demander quand allaient venir les autres. C'est là qu'on lui apprit qu'une seule personne assistait à son cours. Le jeune homme se sentit un peu mal à l'aise en rentrant dans la pièce et, à ce moment précis, il se demanda si son sujet était véritablement adapté à la situation. Il est facile de faire cours devant un mur, de préférence un mur de chair anonyme. Là il y avait de l'écho et le son de ses talons sur le sol lui revenait de manière désagréable. Il faudrait adopter le ton de la conversation et cela ne lui plaisait pas beaucoup. L'homme, plus âgé que lui, avait sorti un bloc de papier d'une sorte de classeur-boîte en plastique bleu. Il tenait dans sa main gauche un stylo bille des plus communs.

« Tiens, il est gaucher », cette réflexion se présenta à l'esprit du jeune professeur. Il avait préparé son cours et s'était, sur le chemin, composé une prestance pour l'occasion, mais maintenant tout cela tombait à plat. Il était un peu furieux qu'on l'ait fait déranger pour un seul élève. À la réflexion il se dit qu'il y avait sans doute un budget de prévu pour cela et qu'il fallait bien que quelqu'un le dépensât d'une manière ou d'une autre. Autant que ce soit lui. Il fit quelques pas en direction de l'homme, de manière à ce qu'il n'y ait plus entre lui et son élève, qu'une distance d'environ un mètre soixante-quinze. Il se mit à parler, il était là pour cela.

Respirer (chant tuva)

C'était irrépressible et peu de choses le sont sinon le besoin de respirer et ce que j'éprouvais s'apparentait à la suffocation. Une douleur naissait tout autour des poumons et irradiait ensuite dans toute la poitrine si bien qu'on en venait à se confondre avec cette douleur. Les crises étaient plus fréquentes et il ne restait plus qu'à se laisser tomber sur le canapé et attendre.

À d'autres moments d'épuisements, je me laissais aller et m'entraînais au chant diphonique. Je commençais par me racler la gorge pour évacuer toute glaire malvenue, puis je faisais vibrer mes cordes vocales en déplaçant la résonance tout le long du palais jusqu'à ce qu'elle se loge à l'arrière et vibre également dans le nez. Ensuite je modulais les harmoniques en ouvrant plus ou moins ma bouche, en modifiant la position de ma langue. Il était facile d'émettre un son mais ce n'était pas très convaincant, en tout cas bien loin du kommeij. Un son musical périodique est constitué d'un fondamental (harmonique 1) et d'une série d'harmoniques, tout l'art consistant à sélectionner ces harmoniques sans que le son fondamental ne domine. Il fallait pour cela les distinguer du son fondamental, puis essayer de diminuer le volume de la voix en soufflant légèrement. Une diffraction. Il restait une sorte de sifflement harmonique faible et légèrement mélodieux. C'était surtout le souffle qui produisait le son en le rythmant. On avait alors l'illusion d'une mélodie. La technique Tuva paraissait plus accessible que celle des mongols.

Il y a bien longtemps que mon ami Étienne avait disparu dans les vagues, un mois de février. Sa disparition avait été pour nous une surprise. Pourtant elle nous paraissait intéressante car nous ne doutions pas qu'il soit parti pour quelque découverte dont il nous rapporterait des lambeaux et des récits. Étienne était un barde, peut-être le seul que j'aie connu. Il jouait de la musique répétitive sur sa guitare sèche. Il souriait, avec des yeux légèrement bridés qui m'avaient paru sur le moment presque asiatiques, mais je sus plus tardivement qu'il étaient en fait assez communs dans le pays bigouden. Peut-on porter la vie et la mort sur soi aussi intimement mêlées. Il y avait chez lui une séduction très étrange car elle tenait à ce que généralement on n'aime pas voir dans le regard des autres : leur fragilité et leur désespoir, mais Étienne restait imperturbable, même souriant, et quand il eût disparu, nous ne sûmes pas quoi penser tout d'abord ; à chacun il restait un objet, qu'il nous avait prêté. Je reçus pendant les vacances de février une lettre amicale de lui. Il me parlait de la plage et de l'énergie extraordinaire qui s'en dégageait. Il avait emmené sa guitare et il tricotait dessus des mélodies enchevêtrées. Toujours les mêmes ! Mais pas par maladresse ni manque d'inspiration, c'était ainsi. Il était aussi à l'aise au piano. J'arrivais, je posais mes mains sur le clavier un peu au hasard et il improvisait sur mes errances. Plus je compliquais le jeu, plus je me sentais pris. C'est aussi à peu près à cette époque que j'ai commencé à pratiquer le chant diphonique. Étienne avait un disque de Stockhausen, *Stimmung*. La pochette bleue représentait Çiva. Nous nous entraînions en accordant nos voix. Le disque était usé et il craquait beaucoup. Au dos de la pochette, à côté du commentaire, on voyait une photo des chanteurs. Ils étaient assis en cercle sur des chaises et se regardaient chanter sans se soucier du public. Il y avait un micro au milieu du cercle. L'enregistrement restituait ce que le micro avait enregistré.

Peu à peu, la disparition d'Étienne cessa de devenir un sujet de plaisanterie. Sa sœur qui lui ressemblait comme une jumelle commençait à manifester des signes d'inquiétude. Elle prit des renseignements auprès de chacun de nous.

Je lui montrai la lettre. Elle la lut devant moi. Il y avait dans cette lettre une insouciance amicale qui n'augurait rien de bon. La disparition ne semblait pas programmée. La plage ensoleillée, au sable presque blanc, se transmuait en un espace blafard aux replis innombrables, battus par le vent. Quelques rhizomes s'accrochaient sur la dune. L'image devenait chaque jour dans mon esprit à la fois plus simple et plus emblématique. La nouvelle de sa mort nous parvint quinze jours plus tard. Son corps, ce fut d'abord un corps, avait été rejeté par la mer. La mer rendait toujours ceux qu'elle avait pris. Il fut identifié grâce à l'autopsie, car il était gonflé et méconnaissable. On pensa à une hydrocution. Étienne était allé nager un peu trop loin dans le soleil de février et son corps maigre avait été pris par le froid de la mer. L'hypothèse du suicide me semblait assez peu vraisemblable mais, au fond, peu significative pour quelqu'un qui portait pour ainsi dire la mort avec lui. Son sourire m'est resté comme un signe que je garde en réserve. Il contient en lui toutes les annonces de la mort et si un jour je le retrouve sur un visage, je saurai désormais le lire pour ce qu'il est. J'ai gardé un petit livre qu'il m'avait prêté, unique legs d'une amitié courte mais point éphémère car jamais je ne m'en suis séparé. C'était *Poteaux d'angle* de Michaux. Un livre plat et carré, rouge et empli de poèmes qui furent pour moi comme des stèles. Quatre poteaux plantés dans la mer comme des marques inamovibles. Quatre poteaux plantés en terre et délimitant un vague rectangle de terre retournée. Il me fallut des années avant de pouvoir lire ces poèmes.

Qu'ai-je fait ? Qu'ai-je appris ?

Le bricolage est une activité solitaire et les pensées viennent en pensant, se disait le commissaire, comme il s'appliquait à découper avec soin un tasseau de bois. Il avait eu l'idée de lambrisser un coin des combles pour aménager un espace qui restait pour le moment indéfinissable. Le petit nombre de m^2 ne permettait pas qu'on puisse réaliser d'amples projets. De plus, la hauteur de toit était critique. Il faudrait sans doute prévenir le risque de se cogner la tête contre les poutres. Il avait pensé installer un coin télé, ou peut-être une buanderie. Il y a toujours dans les maison bondées une place pour un coin imaginaire qui rend le reste plus facile à accepter. La réalité était des plus simples : la maison était trop petite. Chaque enfant avait sa chambre mais il avait fallu sacrifier le bureau qui se bornait à un meuble dans la salle à manger. Ce qui manquait le plus, c'était un endroit pour être seul au milieu des livres avec une fenêtre qui donnerait sur la forêt. Un rayon de soleil au printemps donnerait envie de sortir. Il faudrait alors hésiter entre la lecture à continuer et la perspective d'une promenade avant qu'il ne fasse mauvais, que la pluie ne tombe à nouveau. C'était des souvenirs de mansarde et de livres mal rangés en pagaille. De tranquillité ininterrompue. D'heures passées, sans que le temps soit compté, à écouter *I'm not like every body else* des Kinks en regardant les rais de lumière qui tombaient à l'oblique. « Il y a deux formes de solitude », se disait-il. Celle qui nous saisit dans les magasins de bricolage quand on cherche une baguette d'angle en bois rouge et que les rayons, remplis de toutes sortes de baguettes, rouges mais plates ou arrondies, d'angle mais de bois blanc, de frêne, de chêne, ressemblent à un catalogue où manquerait justement le type même de baguette qu'on cherche. Pareil pour les peintures et lasures. Il y avait toutes les couleurs possibles mais aucune ne convenait car toutes semblaient entachées de mauvais goût. Pourtant chacun s'affaire et trouve son compte : on passe à la caisse avec ses produits hétéroclites et on se prépare un intérieur digne des sept nains de Disney. Le produit miracle ne laisse aucune chance de s'en sortir. On rentre avec ses moulages, ses tasseaux, ses planches de lambris et on reproduit à l'identique ce qu'on a vu dans le magasin. La même moulure, débitée au kilomètre, hante chaque pavillon, de la cave au grenier, si bien que son chanfrein fait bientôt partie des structures mentales de toute une population. Voilà le premier type de solitude! Le fait d'être un individu, comme chaque autre qui vit et dort, mange et exècre, et pourvoit à tous ses autres besoins sans discontinuer. La somme de nos actes nous annule. Mais nous-mêmes, que sommes nous comparés à l'ensemble de nos semblables qui au même instant scient des tasseaux de par le monde?

Le second type de solitude consiste à ne ressembler à personne mais curieusement il ne neutralise pas le premier. Là, peu de choses à en dire.

Vieillir n'est pas tout à fait désagréable. Quand il se regardait sur de vieilles photos, il ne se reconnaissait pas tout à fait. C'était bien lui pourtant, plus mince, sans doute plus beau car ses traits s'étaient en même temps épaissis et creusés. Pourtant il manquait quelque chose d'important, la vie sans doute car celui qui regardait l'objectif ou, au contraire, l'évitait soigneusement était encore ignorant de ce que serait la vie; lui qui avait vieilli, le savait maintenant. Cela était irremplaçable, aucune jeunesse n'aurait su le lui donner à nouveau. Pour cette raison, il n'avait jamais véritablement regretté de n'être plus cet homme plus jeune mais dont la caractéristique principale était l'inaccomplissement. Même les échecs et les déceptions étaient précieux. L'amertume ne vient jamais de ce qu'on a fait. Son goût particulier de fiel est apparenté à la jalousie ou l'envie, au manque de possession, d'effectivité, qui fait que les choses se sont dérobées à nous ou que, plus sûrement, nous n'avons pas su les saisir. Ainsi la vie a passé et nous sommes restés les mêmes que sur les photos, sans vouloir comprendre que cette permanence a fini par nous priver de ce que nous étions véritablement. Nous avons pris la pose et les choses ont continué leur épuisement. Nous avons gommé nos rides en les atténuant à plus de 70 % à l'aide de produits anti-radicaux libres, vendus dans le rayon cosmétique des supermarchés, mais cela n'atténue aucunement le goût amer de l'inaccomplissement. Il n'était pas amer cependant. Sans doute n'avait-il pas réalisé tout ce qu'il avait imaginé, mais il avait veillé avec application et méthode à ce que son temps ne se passe pas en vain. Il ne regrettait pas d'avoir réalisé ce qu'il avait fait. La vie présente une suite ininterrompue de bifurcations. Choisir, c'est laisser de côté des possibilités. Ne pas choisir serait tomber dans la plus totale insignifiance.

Chaque matin, il se réveillait et se demandait : qu'ai-je fait, qu'ai-je appris ? Deux questions simples et lancinantes dont jamais il n'avait réellement réussi à se défaire. Le voulait-il seulement ? Probablement pas.

L'autre jour il s'était accroupi un long moment pour visser une barre de porte en cuivre dans le chambranle d'une porte et il avait ressenti une douleur dans la cuisse et dans le dos. Il s'était relevé mais la crampe avait duré un moment. Son corps, jadis souple, s'était un peu raidi. Cette sensation n'avait rien de remarquable car le simple fait de rester immobile dans une situation inconfortable peut suffire à expliquer une crampe mais la question n'était pas là seulement. Si la jeunesse est vive, c'est parce qu'elle porte en elle toute la vie et celle-ci se dérobe progressivement. Cela commence par une certaine difficulté à se mouvoir. Déjà, il avait remarqué qu'il se faisait parfois dépasser quand il marchait sur les trottoirs. Il avait alors un peu accéléré le pas mais il sentait bien que sa respiration n'était plus absolument naturelle. Il se souvenait avoir lu une semblable remarque il y a quelques années dans un livre écrit par un suédois. Il s'était dit alors : « Je comprends cela mais je n'éprouve rien de tel. » La lecture n'était pas si ancienne, huit années peut-être. Que s'était-il passé en huit années ? Il n'avait rien remarqué de particulier. Pourtant, un jour, c'était clair, il marchait avec son fils dans la rue et il avait eu envie de lui dire : « Mais marche donc moins vite ! » C'est alors que le passé lui était revenu en mémoire. Il avait accéléré le pas et dissimulé un léger essoufflement. Une accélération imperceptible du souffle, juste suffisante pour qu'il la remarque.

Quand on vieillit, on perçoit différemment l'écoulement du temps. Ce qui s'est passé l'année dernière nous paraît maintenant si proche. C'était hier. Qu'ai-je donc fait depuis ? Les choses en sont-elles là où j'aimerais qu'elles se trouvent ? Autrefois une année était suffisante pour qu'on se transforme et, quand on se rendait compte que déjà une année était écoulée, il était à peine possible de se souvenir même de qui on était, tant les choses qu'on avait faites nous avaient transformés. Mais à dix ans une année compte pour un dixième seulement de la vie alors qu'à quarante-trois ans, l'année ajoutée ne vaut plus que pour une bien petite proportion. Le poids des quarante-trois années rendait la transformation forcément modeste. L'accélération du temps était un phénomène qui n'avait, de ce point de vue, rien d'imaginaire. Il devenait de plus en plus difficile d'échapper à l'accumulation de ce qu'on avait l'habitude de considérer comme le « moi ». Il aurait fallu, pour ne pas vieillir, être capable de remettre sur le tapis la totalité des gains péniblement accumulés et là se faisait jour une sorte de lenteur précautionneuse qui était bien la caractéristique de l'âge. Une économie du mouvement de l'énergie vitale. Qu'ai-je fait ? Qu'ai-je appris ? Ces questions se transformaient maintenant en travail. C'était une exigence vitale à laquelle il fallait satisfaire quotidiennement si on ne voulait pas sombrer progressivement. Il le savait pourtant, un jour la mémoire ferait défaut et les masses d'informations accumulées se déliteraient progressivement. Il serait peut-être touché par la maladie d'Alzeimer ou tout simplement par la dégénérescence ordinaire de la vieillesse et alors il n'aurait plus cette sensation de vertige. Entre l'instant et l'éternité se trouve la vie temporelle de l'homme comme entre l'enfance et la très grande vieillesse. À quarante-trois ans on se trouve dans une situation presque optimale pour apprécier la valeur du chemin parcouru et calculer ce qui est manifestement la seconde partie de la vie.

La vie du conducteur de la voiture-balai

L'ennui avec la prison, c'était justement l'ennui et les frustrations. Si la proximité de la mort pose avec acuité et nécessité des questions comme : ai-je fait ce qu'il fallait ? La vie m'a-t-elle donné ce à quoi j'avais droit ? N'y a-t-il pas encore quelque chose que j'ignore et que je devrais absolument savoir ? Et plus banalement sans doute : si on me fait du mal serai-je remboursé ? La prison était une sorte de mort mais dénuée des interrogations essentielles et qui se déroulait selon un protocole différent puisque chacun des renoncements à la vie était à la fois examiné à la loupe et surexposé, dénué de toute portée critique. Le temps y était en effet si étiré que le moindre événement devenait à lui seul un milieu qu'on pouvait explorer à loisir, jusqu'à ce que la lassitude en épuise tous les ressorts. Une sorte de sursis de la vie. Il y avait le dehors et ses échos qui parvenaient assourdis. Les cris des enfants, un coup de frein de voiture, une sirène qui rappelait par moment, qu'à l'extérieur des murs, les gens avaient continué à mener leurs affaires. On supposait ainsi, et certainement de manière un peu déraisonnable, que dehors et dès que l'activité se faisait ressentir, la vie sociale était mue par une force sexuelle inépuisable et continue. Hommes et femmes se heurtaient comme des brutes, précipités les uns contre les autres.

Si le fantasme mène le monde, il s'avère être une machine particulièrement destructrice. C'était un sujet souvent évoqué par les détenus entre eux et de la manière la plus crue, mais il devenait tabou dès qu'ils étaient en présence d'une personne extérieure. Ce n'était pas la honte mais plutôt le sentiment d'une transformation progressive de la sexualité dans ce qu'elle a de plus radical. Un professeur de zootechnie ne pouvait éviter de mentionner le sujet quand il commençait son cours sur la reproduction animale. Le plus étrange était que la finalité de la sexualité se trouvait éradiqué de la prison. Pourtant l'instinct s'y trouvait intact et même soumis à sa forme la plus immédiate. L'homosexualité carcérale était un phénomène intéressant. Des hommes tout à fait hétérosexuels, ni sur-virils, ni efféminés, mais condamnés à des peines prolongées, se transformaient en homosexuels, comme si le désir de la femme avait été rayé de leur mémoire. On aboutissait quelquefois à de véritables amitiés amoureuses mais aussi à des viols. La chair fraîche était particulièrement convoitée et il était arrivé plusieurs fois que de jeunes hommes emprisonnés soient victimes de plusieurs de leurs compagnons de cellule. On avait un peu parlé d'un détenu qui s'était fait dévorer le nez après avoir été sodomisé. La presse s'était alors émue de la condition des prisonniers. La plupart du temps, on ne se faisait pas dévorer le nez et les journaux ne disaient rien.

En prison, le désir de la femme était cruel. Il n'y avait à peu près pas de femme à la prison. Elles s'étalaient par contre sur les murs, en poster, dans des attitudes peu naturelles, avec une couleur de peau homogène, intermédiaire entre le jambon blanc et le saumon fumé. Mais surtout, le souci de la femme s'immisçait dans l'esprit des prisonniers sous la forme d'une authentique obsession : pas une ligne verticale qui ne finît par sembler à un détenu comme la récurrence d'une ligne originelle et matricielle, la fente. Ainsi, une turgescence maladive et hors de propos se développait à la seule évocation de la fente, qu'elle fût rainure de parquet, ligne dans le mur ou séparation d'entre les nuages.

Le conducteur de la voiture-balai était resté un peu à l'écart dans un premier temps. Personne n'avait cherché à le sodomiser. Il évitait de répondre aux allusions ou aux questions : comment elle baise ta femme? C'était bien? Il était juste arrivé et sa récente incarcération laissait supposer que le souvenir du coït était encore proche. Il avait refusé de répondre et peu à peu, on l'avait laissé tranquille. Au bout de quelques temps il avait quand même fini par visionner une cassette pornographique pour ne pas rester à l'écart des autres et surtout ne pas être assimilé au groupe des « pédés », souvent des détenus condamnés à de longues peines. Ce qu'il avait vu sur l'écran avait confirmé ce qu'il pressentait déjà : il n'avait pas exploité toutes les ressources de l'amour physique et sa vie sexuelle n'avait rien eu de particulièrement athlétique.

Ce qu'il voyait ne l'excitait pas véritablement et celui qui s'excitait en regardant ces images était un *lui-même* secondaire, un petit homme de chair qui se manifestait dans ces conditions particulières, mais de nulle importance dans des circonstances normales. Les cassettes étaient introduites au moment des visites. En général, le film porno était sur la cassette précédé d'un autre plus acceptable. Un jour, il avait vu un documentaire sur la réalisation d'un film pornographique mais le documentaire était lui-même pornographique, si bien qu'il se demanda si c'était réellement un documentaire. On y parlait des acteurs et ce terme le choquait car des acteurs jouent des histoires qu'ils ne vivent pas. Il se souvenait de ce détail, son professeur de français lui en avait parlé en troisième. C'était à propos d'un acteur brésilien, il avait tué l'actrice qui jouait avec lui dans une série parce qu'elle le quittait dans l'histoire, mais lui ne supportait pas qu'elle le quitte, même dans l'histoire. Le professeur de français s'était moqué de cet acteur et tous, dans la classe, avaient été surpris de cette ironie et choqués qu'on se moque de quelqu'un qui était prêt à tuer, tellement il était amoureux. Le professeur leur avait alors dit que les acteurs n'éprouvaient pas ce qu'il disaient et que, pour pleurer, il leur fallait parfois se forcer avec des produits lacrymogènes. Il leur avait passé une émission de télé, toute grise et mal enregistrée, où on voyait des acteurs en train de tourner une série télé. C'était un passage très romantique mais le couple enlacé était entouré d'un groupe de personne. Par moments, ils s'interrompaient et un homme leur disait ce qu'il fallait faire et dire. Le comique, c'était que tout à coup ils cessaient de jouer et devenaient des hommes comme dans la vie normale. La classe en avait conclu que c'étaient des hypocrites mais le professeur avait proposé un autre mot, magique en l'occurrence : il l'avait oublié. Un trimestre ou presque avait été nécessaire pour leur faire assimiler ce mot magique qu'ils avaient ressorti, mais à contretemps, quand le professeur s'était fait inspecté. Il se souvenait juste que c'était un mot de genre féminin. La..., c'était ce qu'on fait sans le faire vraiment.

Dans les films pornographiques, les acteurs faisaient vraiment ce qu'ils faisaient. On le voyait bien ! Un jour, il posa la question à son professeur de zootechnie. C'était à la fin d'un cours, il s'approcha. Il était embarrassé et le professeur lui demanda s'il avait une question à poser sur le cours qu'il venait de donner. Y avait-il un détail qu'il n'avait pas compris ? À la première question, il fit un signe affirmatif mais à la seconde il se trouva encore plus embarrassé. Le professeur était un assez jeune homme, à la mine avenante et avec un petit air qui le mettait en confiance. Il commença :

– Ce que je veux dire, ça n'a rien à voir avec votre cours mais c'est une question que je me pose. C'est bête mais je ne sais pas quoi répondre. Voilà, on dit que ceux qui jouent dans des films de cul, ce sont des acteurs mais est-ce qu'ils jouent puisqu'ils le font ? Alors est-ce que ce sont quand même des acteurs ?

Le jeune professeur resta sans voix. C'était une question qui était totalement en dehors de sa compétence. Il n'avait jamais été très calé en Lettres et il ne connaissait rien au cinéma. En plus, il n'avait jamais vu de films érotiques ni pornographiques, il était tenté d'éluder la question. Mais c'était à lui qu'on la posait, certainement il y avait un rapport avec ses connaissances de la reproduction animale et il ne pouvait pas se défiler. Il réfléchit un peu :

– Ce sont des acteurs parce qu'ils sont payés. Ils font ça... devant la caméra pour du fric. Ils le font en vrai, un peu comme les putes...

– Mais une pute, c'est pas une actrice ! Elle le fait pour de l'argent, mais elle le fait vraiment, elle joue pas. Mais eux ? Peut-être qu'ils ne savent pas qu'on les filme !

Le conducteur de la voiture-balai devait sans doute à ce moment paraître très préoccupé par ce qu'il disait car ses traits exprimaient une tension visible. Elle n'échappait nullement au jeune professeur de zootechnie qui finit par lui répondre qu'il allait se renseigner. Il connaissait des gens qui étaient beaucoup plus calés que lui sur ce sujet et il essaierait de trouver une réponse.

Les réponses ne courent pas les rues cependant et ce qu'avait semé le conducteur de la voiture-balai, c'était une question de petite envergure mais elle pouvait, à elle seule, perturber le bon ordonnancement des choses.

Flots d'un monde saccadé

Il y a au départ de toute polyphonie une ambiguïté fondamentale : ce qu'on a souvent présenté comme la contradiction de la mélodie et de l'harmonie. C'est la ligne horizontale et la verticalité qui naissent d'une conjonction plus ou moins prévue. La mélodie semble, au départ, ce qu'il y a de plus évident car elle ressemble à ce que la vie nous propose : un chemin plus ou moins agréable ou tortueux. On y passe et on se rend compte que ce chemin est une sorte de labyrinthe parce qu'il se replie sur lui-même et que la progression est bien incertaine. Sauf qu'une mélodie finit toujours par s'arrêter et que son principe même induit une certaine linéarité.

Saint Augustin utilise la métaphore de la chanson pour affranchir la ligne temporelle de sa répétition continue. La musique des sphères s'arrête un instant et le cosmos se retient pour écouter la chanson courte mais décidée d'un être humain qui vit et veut vivre. Un jour il y aura la mort. Il le sait. La chanson s'arrêtera alors devant l'éternité insondable.

Il est probable que saint Augustin ne connaissait pas la polyphonie à strictement parler. Peut-être une certaine homophonie, telle qu'on la retrouve dans les chants de l'église de Rome ou dans la tradition ambrosienne. Ils sont de quelques siècles postérieurs et rien ne démontre avec certitude que ce laps de temps, assez important, n'a pas suffi à modifier considérablement le style musical. Entre J.-S. Bach et Arnold Schönberg, quelle proximité ! Mais aussi quelle différence à l'écoute ! Et pourtant l'écart qui les sépare n'est que de deux siècles à peine. Il faut peut-être chercher ailleurs le souvenir de la chanson de saint Augustin, du côté de l'Afrique du Nord où il est né. Il ne reste rien des chants numides. Peut-être ont-ils survécu dans les traditions musicales berbères d'aujourd'hui, mais nous ne saurons jamais à quelle chanson pensait saint Augustin quand il écrit ce passage si connu des *Confessions*. Une mélodie qu'il aimait ou qu'il avait souvent entendue, chantée en latin ou en grec, en numide.

Quand il évoque une chanson, nous imaginons immédiatement ce qu'est une chanson, un couplet plus un autre et ainsi de suite, jusqu'à ce que la chanson se soit épuisée. Pourtant, il arrive que le chanteur lui-même se trouve à la lisière de plusieurs chansons et que, comme le héros des *Mille et une nuits*, il ne sache quel chemin emprunter. Si la vie était vouée à se répéter de manière inlassable ou si le temps qui nous était donné de vivre se mesurait à une aune plus considérable, nous aurions le temps de parcourir l'une après l'autre toutes les possibilités, d'ouvrir toutes les portes.

Nous sommes pour ainsi dire rivés à la simultanéité. L'harmonie pose la question de la simultanéité. Celle des événements aussi bien que celle du monde. Un accord s'égrène ou retentit comme une totalité organisée. Il s'énonce comme si chaque élément le construisait, mais en fait il est déjà tout entier dès l'origine du monde. La différence de Scarlatti à Soler : les basses d'Alberti. Chez le premier, l'harmonie fuse, chez le second, elle se disperse et s'égrène en récit. Nul doute que l'harmonie ne soit déjà là, toute constituée, dès l'origine de la matière du monde, dès qu'une onde sonore a pu se propager et même un peu avant. C'est comme devant toutes les touches du piano pour qui n'a jamais joué. Toutes sont égales. Enfant, je m'appuyais sur le clavier avec mes deux avant-bras et j'essayais de les enfoncer toutes en même temps. Mes avant-bras étaient alors trop courts pour pouvoir y arriver. Quand j'ai grandi, je n'ai plus essayé, le jeu avait cessé de m'intéresser. Je suis devenu plus sélectif. La communauté des notes s'était progressivement dissoute.

L'illusion de l'harmonie est celle de sa simultanéité. Les notes sonnent ensemble et ce qui naît de cette résonance s'inscrit comme pour toujours dans notre mémoire. Toutes les mélodies sont ainsi en réserve dans des accords qui s'élargissent progressivement jusqu'à recouvrir l'ensemble du spectre. Mais les accords ne sont pas la musique, pas plus qu'une harpe éolienne laissée au hasard du vent. Il faut du temps pour écrire et pour penser. Il faut du temps pour que la simultanéité puisse être un jour significative. Tous les compositeurs qui se sont posé la question de ce qu'est réellement la polyphonie ont été un jour confrontés à cette question. On raconte qu'au chevet de J.-S. Bach, on trouvait un livre de Leibniz. La vérité c'est que la légende est certainement menteuse, c'est au chevet de Leibniz qu'on aurait dû trouver une partition de Bach. La multiplicité des voix qui s'enchevêtrent dans l'art de la fugue ne se limite pas à une multiplicité de points de vue, sous lesquels se manifesterait une même réalité musicale. Ce sont aussi des mélodies singulières et humaines comme la pastourelle *BWV 590*.

Deux événements peuvent-ils se produire simultanément sans avoir aucun rapport? C'est une question qui m'a longtemps hanté et à laquelle je n'ai, pour le moment, trouvé aucune réponse qui me satisfasse. Le départ de Lise et la parution de mon premier ouvrage réellement important m'avaient paru de mauvais augure mais je n'étais aucunement superstitieux. Par contre, j'avais bien remarqué que la conjonction de ces événements allait prendre dans ma vie, et même dans ma carrière, une place telle que jamais je ne pourrais désormais les dissocier. En fait, j'avais éprouvé une solitude terrible. Pas d'enfants, une vie commune chancelante qui aurait certainement terminé par un divorce. Ensuite, j'étais redevenu le sauvage que je n'avais cessé d'être que pour quelques années. Mon apprentissage progressif de la vie sociale venait pour l'essentiel de la volonté affirmée de Lise de maintenir un lien avec ce qui m'avait toujours paru contraignant et incommode. C'était certainement à elle que je devais d'avoir commencé à publier. Si elle n'avait pas fait le travail nécessaire, mon livre serait resté dans un tiroir sans que personne se soucie jamais d'aller voir ce qui s'y trouvait.

Que des événements surviennent en même temps et soient liés d'une manière ou d'une autre, suppose une synthèse. Autrement, le monde lui-même serait tout à fait incertain. Le risque de la fragmentation, je l'ai éprouvé il y a longtemps, pendant un rêve étrange qui avait suivi la consommation d'opium. Chaque objet était tout à fait singulier si bien que jamais je ne pouvais voir les choses ensemble, mais plutôt par le biais de chacune d'entre elles, comme si elles étaient devenues une sorte de prisme déformant. En réalité, il n'y avait pas de déformation car désormais le monde était perdu pour moi et ce que je pouvais en entrevoir excluait toute autre vision. Les couleurs mêmes s'étaient divisées en points, comme dans un tableau pointilliste et là encore, je ne pouvais dépasser le point pour voir les autres points.

J'ai découvert, il y a environ quinze ans la *4e symphonie* de Charles Ives, compositeur que j'avais jusque là négligé et que je considérais, comme beaucoup de gens à l'époque, comme une sorte d'autodidacte talentueux, mais plus bizarre que véritablement intéressant. À l'écoute du troisième mouvement, ce fut un choc, un éclat de rire également car jamais sans doute une musique ne m'avait parue aussi désopilante. Désopilante et infernale. Ce qui s'y passe ressemble à une promenade dans une rue : le bruit de la rue est d'hétérogène en soi, il constitue malgré tout un *topos*. On entend les gens qui parlent, les voitures qui passent, et on se dit : « Tiens, voilà un bruit de rue ! » Mais la rue donne sur d'autres lieux et les portes des cafés restées ouvertes laissent entendre des musiques : une mélopée, un chant. Ici on joue de la musique militaire, ailleurs on se souvient de mélodies douces et amères. À un moment on se tient au milieu de la rue et on s'arrête. Le bruit de la rue est comme une sorte de substrat sur lequel viennent se poser des bribes de mélodies, des musiques d'origines diverses. Cela constitue-t-il un tout en dehors de moi qui l'écoute ? Ives répond oui, mais il nomme ce mouvement du nom ironique de *comedy*. Si le monde existe c'est assurément sous la forme d'une comédie. Il n'est certainement pas indifférent que Ives soit un compositeur américain. Cet éclatement avait probablement un sens particulier dans un pays qui valorise autant la réussite individuelle. Le mouvement *comedy*, appartient au genre de la symphonie, on ne peut le négliger. La symphonie est le genre musical le plus synthétique ; celui qui cherche, avec le plus souvent un goût marqué du pathétique, à réunir, dans un temps limité, un essai qui ressemble à l'ébauche d'un monde, parfois à sa vie et à sa dislocation. En composant sa quatrième symphonie, Ives a sûrement cherché quel monde pouvait surgir de l'hétérogénéité la plus totale. Un autre morceau du même Ives s'intitule *Unanswered question*, littéralement : la question inrépondue. Certaines questions n'appellent pas de réponse. Certaines questions ne peuvent être posées sans que celui qui les pose ne se trouve confronté à sa propre incertitude.

Il est très extraordinaire de voir des organistes jouer à quatre voix ou plus sur le clavier manuel et deux sur le pédalier. Cette totale indépendance des membres est-elle aussi celle de la pensée ? La plupart des interprètes avouent ne pas pouvoir suivre plus de trois voix distinctement. Au-delà, ils jouent ce qu'ils ne sont plus capables d'entendre. Ce qui advient ensuite, c'est que chaque membre semble penser lui-même, et l'unité de la musique est en quelque sorte celle du corps qui joue. L'homme qui s'agite en tous sens sur ses claviers multiples, ne cesse à aucun moment d'être un homme tout entier.

La polyphonie de la Renaissance avait atteint une complexité extrême. Elle culmine avec le *Spem in alium* de Tallis à quarante voix différentes. Ces voix sont plus ou moins autonomes, elles ne suivent pas un ordre vertical qui les disposerait toutes dans une même structure mélodique. Au contraire, elles s'enchevêtrent jusqu'à devenir une sorte de masse mouvante. Chaque voix suit sa mélodie propre et elle se sent dans l'ensemble comme la créature dans la création. Le chef de chœur a la tâche ardue mais ce qu'il met en place ressemble au concert des anges.

Le corps de l'homme est toujours là, même quand il dort et que ses pensées divaguent ou s'effacent. Souvent j'avais regardé Lise dormir. Son ventre était soulevé par un gonflement imperceptible. Elle dormait sur le dos ou sur le côté. Lors des chaudes nuits de juillet, elle ne portait sur elle qu'une chemise légère qu'elle ne fermait jamais. Ses seins eux aussi paraissaient endormis, à peine soulevés par sa respiration. Sa bouche était légèrement entrouverte. Elle inspirait et expirait sans bruit. J'aimais à ce moment la regarder et la toucher. Quand je posais ma main sur elle je sentais son corps frissonner et ses poils se hérisser. Elle frémissait et bougeait un peu, se retournait. Il arrivait alors que sa toison se dévoile et que la lumière de la lune ou, plus prosaïquement, celle du réverbère de la rue s'immisce par la fente de la persienne. Cette lumière blafarde donnait l'aspect d'un corps de stuc ou comme recouvert de cristaux de sel. Les poils sombres prenaient une teinte blanche et une texture de toile d'araignée. Si je posais ma main sur son épaule, elle se réveillait et la prenait dans sa main puis la repoussait avec douceur. Elle ressemblait un peu à une morte mais elle était bien vivante et la tiédeur de son sommeil attestait une irréductible présence.

Le lendemain nous nous réveillions côte à côte et il était inutile de se parler pour connaître la présence de l'autre. Dormir avec quelqu'un, c'est être avec lui dans le sommeil et célébrer la proximité de deux êtres humains sans que les paroles ne soient nécessaires, sans pensées. Après son départ, mes silences me sont devenus plus pesants et les limites de mon corps se sont déparées de cette intimité bienveillante. « Mon sac de peau. » Il me contient comme si j'étais moi-même un univers aux limites insondables. Une peau blanche et presque grise. Le ventre un peu plissé et les poils qui commencent leur lent processus de dépigmentation. Pourtant je ne peux rien penser au-delà.

Un matin, j'ai mis la radio, j'ai entendu une sorte de *ragtime* rapide et très construit, qui déployait ses lignes polyphoniques de manière imperturbable. C'était *l'étude N°3a* de Colon Nancarrow. Puis *l'étude 3c*, une sorte de surgissement du néant. Des notes éparses qui bâtissent progressivement un contrepoint complexe. Enfin *l'étude 3d* : un déferlement de mélodies extrêmement rapides et imbriquées les unes dans les autres. Presque tout le spectre semblait représenté simultanément, traversé par des éclairs mélodiques en tous sens. Je me dis qu'on entendait là *ces mélodies imaginaires* dont parlait Ligeti, jamais écrites par le compositeur et qui pouvaient naître, sans que personne n'y ait pensé, par la seule surcharge de notes. Nancarrow avait, dans une certaine mesure, réalisé le rêve de Charles Ives. La particularité la plus marquante de cette musique est qu'elle avait été écrite pour piano mécanique car aucun pianiste n'aurait pu la jouer. La synthèse corporelle, qui permettait encore dans l'art de la fugue de maintenir ensemble les différentes voix, était ici rompue car un corps s'y serait rompu irrémédiablement. La machine déversait les flots d'un monde saccadé.

Comme au cinéma : ce qu'on « voit » est en réalité la permanence rétinienne, même si elle ne se montre pas. Ici c'était une sorte de nouvelle dimension musicale qui prenait forme mais elle n'avait rien d'humain. Plus exactement son humanité n'était plus immédiate.

Elle se taisait

Le premier mois de cours s'était plutôt bien passé. Ses parents lui avaient envoyé un paquet avec du fromage et du miel. C'était une sorte de rituel nourricier. Ils supportaient mal de savoir que la plupart du temps il ne mangeait que des surgelés ou des boîtes, voire rien du tout. En réalité, il savait très bien ce qui était bon à manger et jamais il ne serait allé dans un *fast-food,* mais la cuisine familiale plaçait la barre trop haut. Il aurait fallu aller au marché pour sélectionner les ingrédients puis se lancer dans une préparation longue. Il déballa le paquet enveloppé de papier kraft. Dans la boîte à chaussures, il trouva exactement ce que sa mère lui avait dit au téléphone : cinq fromages de chèvres, un très sec, deux demi-secs, et deux frais encapsulés dans une sorte de petite faisselle en plastique jaune biodégradable que ses parents faisaient venir à prix d'or d'une coopérative suisse du canton de Zoug. À côté, deux pots de miel de 30 ml, miel de forêt et miel d'acacia. Ils venaient de la production d'un apiculteur qu'il connaissait bien, un ami de ses parents. Il l'aimait bien. C'était un homme solitaire mais jovial qui l'avait souvent emmené avec lui pour la récolte. Il avait revêtu le casque grillagé et l'avait accompagné dans la montagne. Ils avaient enfumé les ruches. Le tout s'était fait avec quelques piqûres mais c'était un souvenir agréable.
Ses parents mimaient un impossible exode rural; ils lui faisaient parvenir des produits du terroir comme s'ils avaient été d'authentiques campagnards. Il y avait là quelque chose de dérisoire car leur famille était depuis si longtemps urbaine que ce retour à la vie rurale ne serait qu'une parenthèse pour une lignée de banlieusards. Il avait vécu à la campagne depuis qu'il était tout petit, toutefois il n'était pas sûr que le terme de campagne convienne réellement. La banlieue est un mode de vie et

ceux qui l'ont vécue la transportent avec eux. L'attachement à tout un ensemble de pratiques minutieuses concernant la nourriture, l'habillement et les objets en général, n'était nullement campagnard. Ses parents avaient appris péniblement le métier d'agriculteur qu'ils avaient exercé sur une terre ingrate. Pourtant ils étaient restés des errants qui s'arrêtent sur le bord du chemin. Il avait eu cette impression lors d'un stage qu'il avait effectué au Canada. Une famille de fermiers s'était installée à plus de six cents kilomètres de l'exploitation précédente. L'amour de la terre n'était pas celui d'une terre particulière, plutôt une sorte de rapport abstrait à un élément malléable. Un matériau. Nul matériau ne saurait à lui seul être un pays. Ses parents étaient retournés à la terre mais il fallait se rendre à l'évidence, ils n'avaient trouvé aucun pays. Ils s'étaient liés avec des gens comme eux. Beaucoup étaient restés quelques années, puis ils étaient repartis. Pas ses parents. Ils habitaient la maison qu'ils avaient presque entièrement reconstruite, à plus de dix kilomètres du premier village de deux cents habitants, dans un paradis difficile, souvent peu accessible l'hiver à cause de la neige. L'été c'était un endroit merveilleux mais il y avait beaucoup de choses à faire.

Il s'était fait peu d'amis. La prison n'était pas l'endroit idéal pour faire des rencontres. Il lui arrivait de temps en temps, avec l'arrivée des beaux jours, d'aller boire une bière dans un bar en bas de chez lui. Il se mettait sur la terrasse, sous les platanes et regardait les gens passer. Il y en avait d'ailleurs fort peu car l'avenue n'était pas tellement fréquentée. Ce soir-là, il vit passer son collègue de français qui, comme lui, enseignait à la prison. Il était accompagné d'une jeune femme rousse vêtue légèrement. Ils n'avaient pas véritablement sympathisé. C'était probablement quelqu'un d'agréable mais quelque chose qu'il n'avait pas su ou voulu analyser semblait avoir suscité chez eux une réticence mutuelle. Était-ce l'envie qu'il avait de parler à quelqu'un, la présence de la charmante rousse ou tout simplement le fait que la tiédeur de ce jour de mai le mettait dans une disposition plus heureuse qu'à l'ordinaire ? Il les héla et les invita à boire un verre. Il avait déjà bu un peu d'alcool et, comme il y était très sensible, il se sentait un peu différent de ce qu'il aurait dû être. Plus familier, presque étranger à lui-même. Le couple accepta l'invitation, s'assit et sembla ne rien remarquer. La femme rousse portait un corsage assez échancré et on voyait nettement la ligne légèrement courbe où la peau sur le thorax se gonfle et se remplit de chair. Son visage était très blanc, presque sans taches de rousseur, d'un ovale harmonieux et plein, sans angle saillant. Un jour, pensa-t-il, cette plénitude s'alourdira et le cou potelé prendra un pli disgracieux. La femme souriait, elle devait avoir environ la trentaine. Elle se taisait. Quand le garçon de café lui demanda ce qu'elle voulait boire, elle se contenta de regarder son compagnon qui répondit à sa place.

Le collègue de français était assez bavard et un peu mondain. Il semblait au courant de beaucoup de choses et très souvent il mentionnait des noms dans la conversation que F. ignorait. F. ne lui connaissait pas d'amie. Pourtant, il n'y avait guère de doute à les voir, tant leur complicité paraissait évidente. Elle était assise négligemment un peu en travers de sa chaise et elle paraissait presque appuyée à son compagnon. Si on observait avec précision, on remarquait qu'elle ne l'était pas, une fine limite de presque un centimètre de large au point le plus proche les séparait. Précisément là où le bout de sa manche rejoignait son coude à lui. C'était tout. Il n'y avait rien d'autre.

F. mentionna, dans la discussion, le conducteur de la voiture-balai. Il était un peu ennuyé de faire part publiquement du dernier échange qu'ils avaient eu sur la pornographie. Il se dit qu'il était un peu délicat de mentionner un sujet aussi scabreux devant quelqu'un qu'il ne connaissait pas. Surtout, il était un peu coincé et il n'aimait pas commencer une conversation, c'était une responsabilité qui lui semblait trop lourde de conséquences. Il se sentait entraîné dans une direction qui ne lui plaisait pas et pourtant, c'était bien lui, sans que personne ne le lui demande, qui avait amené la discussion sur le sujet. Un professeur de français devait bien avoir une idée sur la question de savoir si les acteurs des films pornographiques jouent ou non. La femme ne disait toujours rien, elle semblait amusée. F. Se sentit embarrassé mais, au lieu d'amorcer une retraite prudente, il s'entendit prononcer des paroles qu'il n'aurait pas imaginées auparavant, sur un thème qu'on peut globalement définir comme : le sexe et la prison. À un moment, son collègue de français consulta sa montre et s'écria qu'il était en retard. Il disparut en vingt secondes, les laissant attablés tous les deux à la terrasse du café, alors que le soir tombait. La fraîcheur se faisait sentir. Son verre à elle était encore presque plein. Elle ne parut pas surprise ni même contrariée par ce départ. Elle frissonnait légèrement. Le duvet sur ses bras et ses épaules se hérissait légèrement. Après quelques minutes de silence, F. se sentit obligé de dire quelque chose mais il ne trouvait rien d'intéressant. Celle qu'il ne pouvait encore qualifier d'interlocutrice, était à la fois réservée et très présente. Elle était assise négligemment, dans une attitude sensuelle qui convenait mal à une femme qui n'avait encore rien dit.

Ce fut elle qui commença :

– Vous avez vu des films pornographiques ?

– Non, enfin oui. Ce n'est pas un genre cinématographique qui m'intéresse beaucoup. (Il lui parut ridicule de dire qu'il n'en avait jamais vu.)

– Et pourquoi donc ?

La discussion prenait tout de suite une direction qui ne lui plaisait pas.

– Je ne sais pas exactement, il me semble que c'est surtout une industrie destinée à combler la misère sexuelle des refoulés (ça c'était un couplet presque socialement déterminé à 100 %, un réflexe conditionné qui lui permettait de sortir des banalités sur presque tous les sujets possibles, du moins de ceux que peut concevoir une famille de néo-ruraux). En prison, c'est particulier. La vie est particulière et ça sert d'exutoire. Les hommes ne peuvent pas avoir une vie normale. Certains deviennent fous.

Il n'avait rien trouvé de mieux que ces affligeantes platitudes, mais il pensait s'en être tiré à bon compte. Il se dit que, malgré tout, elles n'étaient pas dépourvues de fondement. Pourtant il voyait bien que ses réponses restaient largement en deçà de la question qui lui avait été posée. C'était pourtant une question insignifiante et même totalement dépourvue de sens : pourquoi ne s'intéressait-il pas à la pornographie ? La femme cherchait-elle à se moquer de lui ? Il contre-attaqua :

– Et vous, vous trouvez ça intéressant ?

– Oui, certainement ! Je ne suis pas très bon public sans doute mais la question posée par votre prisonnier est très intéressante. Il demande s'il est possible de jouer ce qu'on fait. C'est une véritable question.

– Vous avez une réponse à proposer ? Vous êtes prof de Lettres aussi comme votre ami ?

– Vous devenez curieux et surtout vous posez beaucoup de questions en même temps.

a) Est-ce que je suis prof de Lettres ?

b) Si oui, est-ce comme mon ami ?

c) Et la question que vous ne m'avez pas posée : est-ce mon ami ?

d) Sans oublier celle qui a motivé la suite : quelle réponse je propose ? Si d'ailleurs j'en ai une à proposer !

Pour commencer, je ne suis pas professeur de Lettres. J'annule en une seule réponse deux questions a et b. À c, je ne réponds pas puisque cette question ne m'a pas été posée. Reste d. Le problème est difficile à comprendre si on ne s'interroge pas sur ce qu'est exactement un corps sur la scène : un sac de peau, une mécanique humaine, une marionnette tenue par des fils invisibles. L'acteur ou le comédien n'est pas celui qu'il joue ou alors il est condamné à jouer toute sa vie le même rôle. Il mime son personnage avec talent de manière à convaincre le spectateur. Il arrive aussi que l'acteur devienne réellement celui qu'il joue, c'est le thème du *Véritable Saint Genest* de Rotrou. Un acteur joue devant l'empereur une pièce dans laquelle il interprète le rôle d'un saint martyr. Il s'agit de représentation car l'acteur n'est pas chrétien mais, peu à peu, en jouant le rôle et en prononçant les paroles du saint, il devient réellement ce qu'il interprète. L'Empereur est, dans un premier temps, subjugué par le talent de l'acteur, puis il finit par s'irriter de ce jeu qui devient progressivement indissociable de l'homme lui-même et il décide de faire subir le martyre au comédien qui n'en est plus un. Un acteur en acte ! Je ne suis pas sûre que l'acteur de film pornographique soit, lui aussi, touché par la grâce mais il ne fait pas de doute qu'il incarne le rôle jusqu'à devenir exactement ce qu'il joue. La puissance en acte !

– Je ne suis pas certain que je pourrai expliquer cela à mon élève prisonnier.

– Vous enseignez quoi ?

– Phyto et zoo.

– C'est-à-dire ?

– Phytologie et zootechnie. J'aurais dû enseigner dans une école d'agriculture mais on m'a proposé ces cours à la prison. J'ai commencé cette année seulement.

– C'est qui ce prisonnier original, qui vous pose des questions sur l'interprétation des films pornographiques ?

– C'est un type. Il est condamné pour le meurtre de l'amant de sa femme qui était aussi son chef de chantier. Ils travaillaient aux services de la voirie. D'après ce que j'ai cru comprendre, le chef rendait visite à sa femme pendant que l'autre conduisait sa voiture-balai dans les rues adjacentes.

– Crime passionnel !

– Je ne sais pas trop, il est bizarre, je dirais plus bizarre que passionné.

Un instant l'image de la femme s'effaça devant le souvenir du conducteur de la voiture-balai. Un prisonnier sympathique, un peu demeuré. Il ne s'imaginait pas bien lui parler du *Véritable Saint Genest* de Rotrou. Quant à cette femme, elle avait surgi, comme un démon de sa boîte, mue par quelque machinerie de théâtre. Elle allait probablement disparaître aussi subitement, maintenant que son rôle dans la pièce était terminé. En pensant ceci, F. se trompait car la vie est ainsi faite que les réponses ne sont pas toujours aussi brèves que les questions sont longues. En d'autres termes, certaines questions peuvent s'avérer extraordinairement éphémères et certaines réponses peuvent vous hanter bien plus longtemps qu'on ne l'avait pensé. On n'invoque ni ne révoque le sort sans que celui-ci ne prélève sa quote-part plus ou moins gorgée de sang.

Ces pensées étaient sans doute empreintes d'une certaine mélancolie « postcoïtum animal triste », pensa-t-il. La femme sans nom dormait maintenant auprès de lui. Elle était complètement nue, étendue sur le ventre. La lumière filtrait à travers les stores et son corps apparaissait strié d'ombres. Les lignes suivaient la forme de ses fesses, le haut de ses cuisses et le creux de son dos. Elle dormait sans bruit tandis que lui méditait sur les mystères de l'incarnation et les autres choses étranges qu'elle lui avait dites à propos d'une pièce du XVIIe dont il avait oublié l'auteur, et aussi sur les films pornographiques. Elle avait aussi commenté des tableaux de la Renaissance italienne qu'il ne connaissait pas, des annonciations. C'était une intellectuelle, une artiste, mais sa peau était soyeuse. Elle était charnelle et, sous sa peau, une très légère couche de graisse arrondissait les angles et donnait à son épiderme un caractère particulier qu'il ne connaissait chez aucune des femmes qu'il avait approchées. Il se demandait si réellement le fait qu'il ait d'abord hélé le couple, puis qu'il ait amené un sujet aussi oiseux que le sexe en prison, avait eu un quelconque effet sur la suite des événements. La soirée s'était terminée de manière étrange. Elle l'avait suivi sans rien dire. Ils avaient mangé un peu chez lui, puis ils avaient fait l'amour sans parler. Tout ce qui était arrivé était la suite logique de ce qu'il avait lui-même initié. Il se souvenait avoir hélé son collègue. L'avoir invité avec son amie. Il se sentait alors un peu altéré par la consommation d'alcool. Ensuite, la conversation avait pris un tour bizarre. Son collègue était parti brusquement. Il s'était retrouvé seul avec la jeune femme. Maintenant elle dormait à côté de lui. Demain ils se réveilleraient ensemble, que se diraient-ils ? Il n'en avait pas la moindre idée. La parole éloigne les corps. Seuls se parlent les corps distants et le mugissement des amants ressemble plutôt à un râle respiratoire. On le désigne d'ailleurs sous ce nom.

Le destructeur des horodateurs

Le commissaire inspectait sa barbe. Le matin il se rasait de près avec une lame neuve et il aimait le contact du métal sur sa peau. Il suivait les contours un peu trop arrondis de son visage. Il n'avait jamais eu de barbe bien qu'il ait pensé plusieurs fois à la laisser pousser. À chaque fois, il avait tenu quelques semaines, pas plus. La barbe lui tenait chaud, cela le démangeait. Un jour, il se décidait à la couper et là c'était terrible. Une barbe de trois semaines c'est comme si on s'arrachait la peau. Il découvrait ensuite toute une partie de son visage endolorie et pâle alors que le reste du visage était hâlé par le soleil. Depuis quelques années, il avait découvert quelques poils blancs alors que ses cheveux avaient conservé intacte leur couleur. C'était une raison de plus pour ne pas se la laisser pousser maintenant.

Il se classait ainsi dans la catégorie des hommes imberbes. Pourtant le week-end il ne se rasait pas, il aimait assez porter une barbe de quelques jours. Le port de la barbe est pour l'homme un choix étrange car selon la société à laquelle on appartient, le choix réside justement à la laisser pousser ou au contraire à se la raser. La pilosité naturelle de l'homme de sexe mâle sur le visage ne va pas de soi.

L'enquête qui allait occuper sa journée probablement occuper sa journée était à la fois dérisoire et étrange. La municipalité avait porté plainte pour dégradation. Un maniaque s'amusait à mettre hors service la plupart des parcmètres horodateurs du centre ville. Il était arrivé au nombre de trente-cinq. La plainte de la ville datait de deux semaines et depuis il n'y avait aucun résultat tangible. Quinze horodateurs supplémentaires avaient été détruits. Il n'y avait pas de tentative d'effraction mais plutôt une volonté délibérée de les mettre hors-service. Il s'agissait de petites machines semblables à des distributeurs automatiques. Elles imprimaient des tickets après qu'on avait payé son dû. Le destructeur des horodateurs (c'était son surnom) agissait à n'importe quelle heure du jour et de la nuit. On pouvait en effet retrouver un double du dernier ticket imprimé et souvent il avait réussi à bloquer l'horloge. Il procédait par thèmes si on peut dire. Il y avait eu la série liquide. Il déversait par la petite fente dans laquelle on insère la pièce toutes sortes de liquides qui mettaient infailliblement la machine en panne : de l'huile de moteur, de l'huile de table, de l'urine, de l'acide, du white spirit, de l'acétone, de l'alcool à 90°. Le résultat était inégal mais rarement inefficace. Les machines étaient, soit hors-service et inutilisables, soit bonnes pour une révision qui les immobilisaient au moins une semaine. On trouva aussi du sable, du sel, des graines de sésame, des microbilles de métal, etc. Il avait aussi essayé toute une gamme de colles. Il prenait une pièce percée d'un trou dans lequel passait un très fin fil de nylon. Il garnissait la pièce de colle, de plâtre, d'enduit, de ciment et la pièce restait coincée dans le passage. Il avait ainsi expérimenté la plupart des colles disponibles sur le marché.

Le plus étonnant était que personne ne l'eût jusqu'à présent remarqué. En effet, certains de ses stratagèmes n'étaient pas particulièrement discrets. La première réaction du commissaire avait été de lancer une recherche sur le fichier des contraventions. Souvent, les actes de vandalisme sur les horodateurs sont commis par les victimes de ces horloges vénales. Des anarchistes qui se révoltent à l'idée de devoir payer même une petite somme pour occuper, à titre temporaire, une portion de l'espace public. Liberté d'aller et venir mais pas de stationner! Toutefois, ces idéologues du parcmètre avaient une vision souvent très étroite des libertés publiques. Leur ressentiment était le plus souvent limité à leur simple préjudice privé puisqu'ils s'en prenaient presque toujours à la machine qui, justement, se trouvait à proximité de l'endroit où ils avaient eu leur contravention. C'était presque comique ; quand un horodateur était abîmé ou détruit, ils suffisait de faire le relevé des contraventions distribuées dans son alentour immédiat pendant la dizaine de jours qui précédaient. En général, le vandale vengeur agissait entre le quatrième et le huitième jour succédant à la contravention. Rarement avant, rarement après. Il devait y avoir une sorte de délai d'incubation qui poussait le bon citoyen, respectueux des lois, à braver les interdits et à sombrer dans une sorte de fièvre destructrice contre une machine qui se contentait, dans le meilleur des cas, d'afficher l'heure et d'imprimer, après un délai de trois secondes environ, un petit ticket bleu fort peu lisible. Rien à voir avec les tisserands anglais, mortels ennemis de la Mule-Jenny, brisant les métiers mécaniques. Pourtant, c'était aussi un rapport au temps qui se trouvait là, mis en jeu. Et aussi cette étrangeté que le commissaire avait lui-même constatée : au moment où la monnaie se raréfiait au profit des cartes de crédit et des chèques, il fallait encore porter dans ses poches ces petits signes sur lesquels l'État porte sa marque et qu'on désigne familièrement sous le nom de *pièces*. Les chèques portaient le nom de la banque, les cartes de crédit celui de leur organisme mais les pièces continuaient d'arborer des insignes nationaux. La machine d'État ne voulait que ces petites choses patriotiques. En contrepartie, elle distribuait, pour un temps limité, un peu de l'espace qui appartient à tous. Il n'en fallait pas plus pour qu'anarchistes, libertaires ultra-libéraux et communistes révolutionnaires se liguent momentanément, pour détruire une machine qui réussissait à être à la fois aliénante et archaïque. Il se souvenait avoir ainsi arrêté un clerc de notaire qui s'était retrouvé au tribunal, inculpé pour vandalisme aggravé. C'était un tout petit homme qu'on avait trouvé avec une masse en train de fracasser l'appareil à 11 heures du soir. Une autre fois un professeur de chimie avait été surpris dans sa voiture ; il s'était dirigé avec hargne sur la machine et l'avait renversée. Il avait plaidé la fausse manœuvre et on l'avait peut-être cru car il avait plus de deux grammes par litre de sang si bien, qu'en plus de la contravention pour stationnement impayé, il avait vu son permis retiré pour six mois. La vie sociale, pensait le commissaire, est d'une indéniable complexité.

Il y avait un paradoxe dans cette situation : on mobilisait plusieurs agents, dont six qui parcouraient la ville en tous sens, de jour comme de nuit dans des voitures banalisées, tout cela pour assurer le bon rapport de ces caisses enregistreuses de l'espace public, qui fleurissaient à chaque coin de rue, et dont la seule légitimité était d'avoir été installées par une municipalité élue au scrutin majoritaire à deux tours. On n'hésitait pas à utiliser ainsi la force publique, quel qu'en soit le prix, alors que par ailleurs de nombreux cambriolages étaient laissés sans suite. Même chose pour les agressions dans la rue. Des femmes venaient déposer plainte, les vêtements déchirés, couvertes de contusions, les deux yeux au beurre noir, les dents de devant cassées net, on prenait leur déposition avec méticulosité pour la ranger immédiatement dans un classeur orange. Le signalement de l'agresseur pouvait revenir dans plusieurs dépositions. L'agresseur lui-même pouvait s'installer dans la rue voisine du commissariat et pratiquer son activité avec la meilleure conscience professionnelle. Il ne risquait pas d'être inquiété. La malchance des plaignantes était finalement de ne pas être un horodateur, vérifié annuellement par les poids et mesures, ce qui valait beaucoup plus que n'importe quel certificat médical ! Dans chaque horodateur se trouvait quelque chose de l'État et de sa puissance et, qui s'attaquait à une de ses machines, pouvait s'attendre à une réponse circonstanciée de l'administration. En l'occurrence la réponse circonstanciée de l'État avait pris la forme d'un ordre express du préfet de mettre tous les moyens nécessaires pour arrêter le maniaque. Il avait fallu mobiliser presque douze personnes. Les crimes, les cambriolages pouvaient attendre un peu que l'État retrouve son honneur et sa dignité.

Le commissaire n'avait jamais eu d'états d'âme sur les tâches qui lui avaient été confiées. Un homme ne peut à lui seul être l'arbitre et le juge de ce qui est bon ou mauvais. Il n'était en aucune façon un justicier mais l'agent d'une volonté qui le dépassait ou l'englobait mais parfois aussi pensait à travers lui. Il sentait alors la grandeur de l'État le traverser dans ses actes les plus insignifiants. Ce n'était pas l'ordre d'un préfet, même après la sollicitation insistante du maire, qui pouvait y changer quelque chose. La mesquinerie des actes individuels n'avait finalement pas grande signification; elle s'annulait en quelque sorte sous la pression d'une plus impérieuse nécessité, que personne n'aurait pu définir, et qui d'ailleurs n'était même pas celle de l'État mais remontait bien en deçà. Une sorte de rationalité, en qui chacun pouvait se reconnaître, à laquelle chacun pouvait participer un moment, même à son insu, un peu comme l'ordre des événements et la possibilité que nous avions de les penser. Ce qui fait que, même séparés par les convictions, les langues, et l'intérêt, les hommes sont liés par une communauté qui n'a rien de biologique ni de moral. Quelque chose qui ne leur appartient pas en propre, mais en quoi ils se reconnaissent pour ce qu'ils sont : des participants.

Dans ce cas précis, il ne pouvait s'agir simplement du ressentiment d'un citoyen verbalisé. La destruction des horodateurs était soit le fait d'un individu déréglé et soumis à une obsession particulière, soit une série d'actes dont l'ensemble avait un sens. Une protestation ou une manifestation de ce genre. Le commissaire se demandait comment il allait s'y prendre pour arriver à ses fins. Sans doute, tout homme qui enfreint les lois est-il une menace pour la société, à moins qu'il n'ait pour projet de la régénérer. En général le résultat n'est pas très différent parce que la régénération est souvent mortelle. Parfois elle réussit. Simplement parce qu'on a oublié qu'elle était mortelle. Pourtant cet homme qui s'oppose à l'ordre établi est lui-même un produit de cet ordre ou du moins il s'y est trouvé lié d'une manière ou d'une autre. Ses actes semblent dépourvus de toute raison mais ce qu'il pense doit pouvoir être pensé à nouveau. Il suffit de suivre l'ordre de ses actes, de ses gestes pour le retrouver. Non pas lui-même mais une certaine forme agissante et prégnante.

Peut-être dans une telle situation était-il utile de réfléchir sur la manière dont il fallait procéder. Le jeune stagiaire qu'il avait rencontré lors de l'enquête du supermarché lui aurait proposé une recherche fondée sur les matériaux disponibles qu'il aurait ensuite délicatement modélisés. Il ne pouvait bien sûr négliger aucune piste et si sa propre méthode ne s'avérait pas concluante, il n'excluait pas d'avoir recours aux services de ce jeune homme. Il avait conservé ses coordonnées. Il travaillait maintenant dans une grande entreprise de conditionnement et de distribution, plus précisément, dans le service de Recherche et Développement. Il est toujours très difficile de démarrer une enquête quand on n'a au départ aucun indice, aucune piste, aucun témoignage. C'était le cas. Un seul élément ne pouvait être mis en doute : le fait constaté. La probabilité que soudain, dans une ville de 200000 habitants, une trentaine de personnes s'en prennent individuellement à des horodateurs était extrêmement faible. Il était possible que les vandales soient plusieurs mais la cohérence et le caractère systématique des déprédations laissaient plutôt penser qu'il s'agissait d'un seul individu. Ceci rendait l'enquête difficile car un maniaque agit souvent seul et son entourage ne soupçonne même pas ses activités. Par contre un homme seul suit une logique, une seule. C'est là son point faible. La multiplicité induit parfois un certain désordre, une déperdition des liens logiques alors qu'un individu s'unit à la logique jusqu'au point où son action devient la logique. Et ce qu'un homme pense, chacun peut le penser.

Le stagiaire / rêve fade

Le stagiaire pensait à un rêve curieux qu'il avait fait et qui était revenu plusieurs fois à intervalles irréguliers. Il avait fini par devenir familier comme une lubie qui hante régulièrement nos pensées et pourtant il ne pouvait se départir d'une certaine étrangeté. Il semblait toujours venir de très loin dans ses souvenirs et était emprunt de nostalgie. De la nostalgie d'un monde perdu qui n'avait en fait jamais existé mais qui continuait d'agir à la manière d'un horizon dans lequel les choses s'installaient.

Quand il se réveillait après avoir fait ce rêve, il regardait autour de lui et il était étonné de voir que les couleurs et les objets avaient conservé leurs aspérités et leur force.

Le monde de ce rêve était très peu conflictuel. Les désirs n'étaient pas arrêtés dans leur élan. Cela ressemblait à un immense supermarché. Il suffisait de désirer quelque chose pour que cette chose justement soit disponible. Elle se présentait comme n'importe quel produit sur un rayonnage. On peut dire ainsi que les mets les plus rares, les machines les plus sophistiquées, les livres les plus beaux étaient ainsi offerts. Ensuite venait la déception. Imaginez le vin le plus rare, celui dont on conserve le goût en mémoire parce qu'un jour on en a bu et que presque aussitôt on a été ébloui. Et bien imaginez que ce vin se révèle maintenant semblable mais en même temps terriblement banal en ce sens que rien désormais ne rappelle l'éblouissement initial. Il a le goût qu'on lui connaissait mais ce goût est désormais dépourvu d'intérêt. Tout le rêve se passait ainsi. Les merveilles technologiques n'étaient que des boîtes vides comme des alarmes factices, les meubles de style, des panneaux d'aggloméré, les fromages au lait cru, des pâtes molles pasteurisées.

Restaient les noms car on continuait d'appeler bibliothèque un vague montage de planches plastifiées et « Brie » une sorte de petit triangle emballé dans du papier doré qui, une fois décacheté, s'avérait à peu près aussi comestible que n'importe quel objet semblable dans n'importe quel rayon frigorifique de n'importe quel pays, méconnaissant le pouvoir bienfaiteur des bactéries à température ambiante. Un monde fade.

À son réveil le stagiaire se disait que ce monde de la sensation véritable restait certainement lié à celui de l'enfance. Le désenchantement touche d'abord les objets qui, semble-t-il, ne sont plus ce qu'ils étaient avant qu'on ne découvre en fait qu'ils ne l'ont jamais été. Le processus est souvent exactement inverse de ce qu'on s'était imaginé : on est parti de la fadeur et c'est bien progressivement qu'on a appris à goûter les saveurs plus puissantes. En vérité, on est encore dans la fadeur, mais elle nous est devenue presque consubstantielle et ça, c'est difficile à accepter. Alors on se construit une mythologie comme une sorte d'antidote au désenchantement : on raconte des savoir-faire immémoriaux, on invente des vallées cachées des Grisons, dans lesquelles les bœufs, d'une espèce alpine presque disparue, broutent un foin spécial mêlé d'edelweiss et de gentianes bleues, tandis que leurs gardiens jouent de la corne et yodèlent tour à tour, ce qui donne à la viande séchée un parfum inimitable. Au final, le poison et l'antidote sont exactement la même chose, si bien qu'on nourrit le désenchantement d'autant plus rapidement qu'on croit pouvoir lui trouver un exutoire.

Il se souvenait d'un cours de marketing qui avait suscité une longue discussion avec le professeur. C'était un type assez grand et fort avec une mâchoire carrée. Il avait commencé son cours en début d'année sur Fourier puis il n'en avait plus reparlé. Un jour il était arrivé avec un prospectus. C'était une publicité suédoise pour des fromages français. Cette année-là, les Suédois avaient suivi le tour de France avec beaucoup d'intérêt parce qu'un certain Gustavsson avait contre toute attente gagné la course l'année précédente. Le prospectus représentait une carte de France avec l'itinéraire de la course cycliste. Chaque région était illustrée par un fromage français. Mais au lieu de trouver sur la carte les véritables productions régionales, c'était une gamme affligeante de produits industriels, aux noms fleurant bon un terroir de pacotille.

Le stagiaire s'était élevé contre cette campagne qui, selon lui, dénaturait totalement la réalité fromagère.

– Au contraire! Ce prospectus me paraît excellent, lui avait répondu le professeur.

– Mais les Suédois sont floués, on leur fait croire…

– Rien du tout! Tout ce qui figure sur ce prospectus est exact. C'est la représentation précise de ce qu'ils croient. Ils ont peut-être déjà eu l'occasion de goûter «La Meule de Meudon», le camembert «Cœur de Normand», ou le «Maxi Vache». Ce qu'ils attendent, nous le leur donnons. Un parfum de France qui ne sente pas trop fort pour leur odorat délicat, une image des coureurs devant la tour Eiffel.

– Ce n'est pas du tout représentatif de ce qu'on trouve en France.

– Mais la France en France n'est pas la France en Suède, pas plus que les Suédoises ne sont toutes jolies et élancées. Il y en a aussi qui sont petites et boulottes. Tout est question de point de vue et notre travail n'a pas d'autre objectif que de dire aux gens ce qu'il savent déjà.

– Et s'ils se trompent?

– Comment peut-on se tromper? Et sur quoi? Les pâtes molles pasteurisées constituent une part importante du marché. En France même où elles sont fabriquées, elles représentent 55 % des cent mille tonnes produites chaque année environ. En cela ils ne se trompent pas. Leur goût n'est pas très marqué mais il est reconnaissable et distinct des productions locales. Si quelqu'un pense quelque chose, il ne se trompe jamais car cette pensée lui appartient. Elle existe pour lui. Si je suis convaincu que la « Meule de Meudon » est le meilleur fromage du monde, il est normal que quelqu'un me le dise et même me le répète. Je lui serai infiniment reconnaissant.

— Dans ces conditions, on peut raconter n'importe quoi !

— Absolument pas. C'est un peu comme les sons qu'on prononce quand on parle. On peut produire tous les sons mais l'ordre importe énormément. Que tous les goûts existent dans la nature est une hypothèse qu'il ne m'importe pas de vérifier. Par contre, qu'un goût particulier se manifeste chez un individu, alors que lui-même le soupçonne encore à peine, et que cette singularité soit déjà chez nous, répertoriée et analysée, oui, cela m'importe ! Énormément ! Exclusivement ! Et ne croyez pas que je méprise les consommateurs de pâtes molles. Leur nombre leur donne raison. Certains d'entre eux seront un jour initiés aux arcanes du lait cru, ils voyageront, ils achèteront un petit fromage sec au détour d'un voyage en Lozère ou en Ardèche, en revenant du mont Mézenc, produit par des artisans fromagers authentiques qui n'ont pas quitté leur terre depuis le Moyen-Âge au moins et dont la tradition remonte même peut-être au néolithique. Ceux-là non plus ne se trompent pas. Personne ne se trompe. Tout le monde achète et vend. Il faut se trouver au bon moment, c'est tout !

Il était difficile de savoir si la leçon avait porté car il se souvenait fort bien avoir considéré le professeur de marketing comme un fieffé hâbleur. À l'époque, il n'avait pas même conçu le projet de la main invisible et encore moins l'élaboration de ce qui le préoccupait aujourd'hui. Il ne connaissait pas Lisa. Il n'aimait pas le fromage.

Sur les chemins détrempés

Quelquefois, après avoir marché longtemps dans des chemins détrempés par la pluie, on arrive devant une large ouverture dans la haie et le ciel noir se découvre. Les nuages paraissent bas et prêts à crever. Le soleil les illumine car on se trouve encore sous la partie bleue du ciel. Entre deux averses. On regarde alors la campagne environnante, ses ormes étêtés, ses champs abandonnés ou cultivés selon qu'il convient ou non de produire de la margarine ou de l'éthanol.

Il était rare que la nuit me surprît car je prenais mes précautions. Un gros morceau de pain dans mon sac et un peu de charcuterie. Je prenais aussi une bouteille de bière. Je croisais de rares promeneurs qui me prenaient peut-être pour un chasseur à cause de ma tenue. Quelquefois, je trimballais mon attirail dans une boîte oblongue qui rappelait un peu l'étui d'un fusil. Souvent, je suis parti sans rien, pas même un appareil-photo.

Je me perds et j'oublie qui je suis. La fatigue physique agit comme une sorte de sédatif. D'abord le corps s'engourdit et souffre. Les mollets sont douloureux puis, au bout de plusieurs heures, vient l'apaisement. Il n'y a pas d'autre apaisement que de se perdre. Le ciel au-dessus de soi et les yeux dans les broussailles. Quelquefois je me suis couché dans l'herbe mouillée et j'ai regardé la ligne de l'horizon flotter légèrement. J'ai senti l'odeur de la terre.

Si je m'endormais ici personne ne s'inquiéterait de moi. Dans quelques jours peut-être le concierge s'étonnerait de voir ma boîte aux lettres encombrée mais que ferait-il ? Il attendrait encore une dizaine de jours et pendant ce temps je gîrais là, sur le sol, dans une ornière avec mes muscles transis et mes rhumatismes. Comme de la viande froide et marinée dans l'eau de la dernière pluie. Progressivement, je m'endormirais et peut-être mes poumons s'empliraient-ils eux aussi d'eau jusqu'à la mort bienveillante. Mon corps se déferait lentement dans l'eau glacée. Un chien finirait par passer ou un petit rongeur. Le chien m'arracherait une oreille et le petit rongeur me dévorerait la langue et s'introduirait dans mon estomac dont les relents acides seraient déjà depuis longtemps neutralisés. J'aurais commencé à enfler.

Dans quelques semaines, un chasseur ou un promeneur viendrait, il sentirait le fumet de mon cadavre, il s'approcherait et trouverait quelques nippes à moitié défaites. Il apercevrait alors peut-être le reflet de la montre de luxe que Lise m'avait offerte, aussi indestructible que je suis destructible et il voudrait satisfaire sa curiosité. Il s'approcherait et découvrirait ma figure atrocement mutilée par les animaux, les intempéries et surtout la mise en œuvre des bactéries qui seraient en train d'achever leur travail de réintégration de mes tissus organiques à l'élément minéral par l'intermédiaire de ce qu'on désigne généralement sous le terme de « terre organique ». Il prendrait alors la montre, et/ou préviendrait la police qui demanderait au médecin légiste de pratiquer une autopsie. Ne découvrant aucune trace de coups, ni de blessures, le médecin conclurait au malaise cardiaque et ce bien que jamais je n'ai eu de précédents, malgré mes nombreuses autres maladies; cela permettrait à mes héritiers lointains de toucher la prime d'assurance que j'ai souscrite à aucun moment on ne serait en mesure de prouver que je suis mort de désespoir.

Vous jouez au Petit Poucet, inspecteur ?

Hier l'inspecteur qui m'assiste depuis plusieurs années m'a téléphoné. J'étais assis à ma table de travail et je préparais des fiches de mission pour les jours à venir. J'ai senti le petit téléphone que je porte contre mon ventre vibrer légèrement. Il s'est fait connaître tout de suite.

– Il y a peut-être du nouveau.

– Vous savez qui c'est ?

– Non, mais il y a des éléments nouveaux.

Le commissaire n'avait jamais goûté le suspens. Déjà quand il lisait un roman, cela lui donnait la nausée. C'était quelque chose qu'il n'avait jamais compris. Si dans un film, l'homme qui s'accroche au bout d'une corde à moitié rompue est réellement nécessaire à la suite de l'histoire, eh bien, qu'il n'y reste pas une éternité ! Que le dénouement advienne le plus rapidement possible ! Mais rien n'était jamais simple.

– Vous voulez que je devine ?

– Non. L'inspecteur l'appelait toujours « commissaire » et lui ne lui donnait jamais autre chose que de l'« inspecteur ».

– Non, commissaire, mais la piste est mince, voilà, nous pensons que le destructeur est un piéton. Nous avons examiné les environs des derniers horodateurs détruits et nous avons trouvé à cent mètres du dernier des petites billes de plomb semblables à celles qu'il a introduites dans la machine, et ce à plusieurs endroits. La piste semble suivre la rue du marché et bifurquer vers la rue saint Jean.

– Vous jouez au Petit Poucet, inspecteur ?

– Je pensais que vous répondriez ça, commissaire, mais je me permets de vous faire observer que dans le conte, le Petit Poucet finit par sortir de la forêt.

– Oui, mais pas la première fois, parce que ce sont des

miettes de pain et que les oiseaux ont tout mangé. Il faut attendre les petits cailloux blancs. Pensez-vous avoir des éléments pour dire que ce sont les petits cailloux blancs et non quelques miettes de pain égarées ? C'est peut-être aussi pour nous tromper.

– Je sais, commissaire, mais nous savons que notre vandale méthodique est un piéton. Il rentre peut-être chez lui à pied.

– Ou il va retrouver quelqu'un qui le prend dans sa voiture. Ou encore il se rend dans un parking souterrain et va se cacher dans la campagne.

– C'est vrai, commissaire, mais on tient le début et fatalement nous trouverons autre chose. Vous avez une idée, commissaire ?

L'inspecteur avait l'habitude de reconnaître chez son chef hiérarchique certains signes qui annonçaient l'oracle et ce moment imprévisible, était suffisamment précieux pour qu'il ne s'étonnât pas à chaque fois du manque patent d'éléments concrets.

– Oui, c'est un homme. Il n'est pas jeune. Mon âge ou un peu plus vieux. C'est quelqu'un qui poursuit un plan incompréhensible. Les horodateurs ne sont pas quelque chose de véritablement important pour lui. Ce sont des signes. Si nous savions de quoi, nous aurions la réponse à une partie de nos questions.

L'inspecteur écoutait l'oracle sibyllin sans savoir exactement à quoi s'en tenir. Le commissaire aimait aussi manier l'ironie douce et amère. On ne savait pas s'il plaisantait et quelquefois lui-même ne semblait pas savoir s'il plaisantait ou non.

– Vous pensez à un mobile précis ?

– Inspecteur, si vous n'étiez pas dans la police, n'auriez-vous jamais pensé que les parcmètres sont des machines nuisibles qu'il faudrait quelquefois arracher du sol ?

– Commissaire, avant d'entrer dans la police, il m'est

arrivé plusieurs fois de peindre des parcmètres individuels avec de la laque glycérophtalique. L'horloge était alors illisible et l'appareil inutilisable.

– Et pour quoi faire ?

– Pour protester.

– Et vous avez fini par entrer dans la police ! Vous n'avez plus envie de protester. Ça vous a passé, comme on le dit de la jeunesse.

– Je ne crois pas, c'est peut-être, au contraire, à cause de ça que je suis là maintenant.

– Et cet homme, vous avez envie de l'arrêter ?

– Oui.

Prémices et préludes

Sauf que le désespoir est une chose vaine, car à y réfléchir, je n'ai jamais réellement connu l'espoir. Un jour j'avais dîné chez un prêtre, lui aussi musicien et organiste à ses heures. Il s'occupait d'un petit orgue dans une église du Poitou et avait organisé une série de concerts. L'orgue venait d'être restauré. Un instrument de facture ancienne qui avait retrouvé son tempérament mésotonique original. Il y avait eu une inauguration et on avait terminé la soirée au presbytère. Le facteur était danois, un grand type taciturne qui venait goûter et restituer les sonorités éclatantes de cet instrument du début du XVIIIe siècle. Le curé avait joué la *Messe pour les couvents* de Couperin. Il n'était pas virtuose mais savait bien utiliser les registrations, si bien que la *Messe* avait paru à la fois religieuse et tendre. « Un piétisme à la française » avait commenté le facteur. La discussion avait insensiblement glissé vers une certaine gravité alors que nous achevions notre troisième bouteille de vin rouge. Il était question de jansénisme, de Pascal. Le curé commençait à se mouvoir avec quelques difficultés et son élocution s'était ralentie. Il égrenait ses paroles avec une infinie précaution mais sa langue semblait coller à son palais et les mots se confondre dans une sorte de bredouillement entêté dont seuls sont capables les alcooliques. Il avait pourtant le teint frais et sa peau n'était pas couperosée. Il ouvrit la bibliothèque et pour en extraire un livre : *La Correspondance* de Madame Guyon et de Fénelon. Une édition du début du siècle, jaunie et délabrée. Il réussit cependant à dire presque d'un seul trait : « Voilà le piétisme à la française. » Le danois ne connaissait pas. Il prit le livre et le parcourut d'un air préoccupé. Même saoul il gardait cette expression de sérieux dont ne se départissent que rarement les luthériens aussi persévérants dans l'intempérance que dans la sobriété. On ne savait pas s'il se taisait parce qu'il n'était plus capable de parler ou s'il considérait que la discussion n'offrait plus beaucoup de perspectives.

Je commençai alors. Sans doute les nombreux verres de vin m'avaient-ils délié la langue :

– Croire ne me gêne pas mais pourquoi espérer ? La vie éternelle est-elle un don ?

Le curé répondait :

– Vous avez lu Küng ? Vous êtes spinoziste, bouddhiste ?

Quelquefois on est persuadé de dire des choses vraies. Elle s'imposent même dans la maladresse car celle-ci ne réussit pas à les réduire. Mais ensuite plus question de retrouver le fil. Je me souviens que ce que je disais était extrêmement convaincant mais je suis bien incapable aujourd'hui de retrouver le moindre fil. Les mots me manquent, les articulations, le dessein. Le danois suivait notre bavardage d'ivrognes érudits avec attention. Il ne disait toujours rien, sans doute estimait-il ne pas encore maîtriser la langue assez bien ou peut-être n'avait-il pas assez bu de vin pour se mêler au débat. Le curé avait alors sorti une bouteille d'eau de vie et entrepris une réfutation libertine du pari de Pascal :

– À mon avis, celui qui joue sa vie n'est plus à même de gagner ou de perdre. La question est de savoir si on se met en jeu. En jeu, véritablement.

Il se tut un moment et on crut qu'il allait s'arrêter là. Il reprit finalement :

– Qui gagne ? Qui perd ?

Le suspense n'était pas, à ce point, seulement rhétorique car les difficultés d'élocution du curé devenaient critiques. Je proposai :

– Et si Dieu joue ?

Il ne répondit pas et sourit. Là se trouvait le secret de la *Messe* de Couperin : un mélange de recueillement, de dévotion et de galanterie. Tout tient dans l'incertitude de l'équilibre. On doit jouer la *Messe* comme *Les Barricades mystérieuses*. L'épanchement sensuel de la Régence était une recherche, à travers le plaisir, de l'effacement de soi. Et tous les moments des épiphanies. Il n'y a pas d'attente, pas d'espoir, seulement des prémices, des préludes.

Plusieurs vies

Tous les soirs après le travail, le stagiaire allait voir Lisa. Elle prenait sa douche et il attendait qu'elle sorte nue et vienne s'asseoir près de lui. Elle ressemblait à une statue longiligne qu'on aurait poncée. Sa peau était légèrement rougie sous le gant de crin. Les poils de son dos étaient hérissés par la fraîcheur relative de la pièce.

– Tu aimerais vivre plusieurs vies ? lui demandait-il.

– Et toi ? lui répondait-elle. Tu aurais plusieurs femmes, plusieurs maisons, plusieurs métiers, plusieurs enfants.

– Plusieurs morts.

– Cela, je ne le crois pas. La mort est finalement toujours identique. Tu sais l'exemple type du syllogisme qui commence par « tous les hommes sont mortels ». Je crois que tous les hommes sont mortels et que tous les hommes sont hommes parce qu'ils sont identiques dans la mort. La vie nous sépare et nous différencie mais la mort efface toute singularité.

– Même si on se réincarne ?

– C'est une mort bien provisoire !

– Mais tu aimerais avoir plusieurs vies ? Qu'en ferais tu ? Est-ce que tu m'attendrais ce soir ?

– Ce soir c'est ce soir, je suis là.

– Imagine des vies simultanées et non pas successives.

– C'est absurde, si on a plusieurs vies ce ne peut être que les unes après les autres.

– C'est comme une partie d'échecs contre un ordinateur. Si la machine contre ton coup, tu peux réessayer d'une autre façon. Tu fais « back » et « play ». Tu peux ainsi explorer tous les possibles d'une situation. Ce sont des scénarios différents mais c'est toujours la même partie. Elle existe simultanément de plusieurs manières différentes. Ce sont des variantes. Ça me rappelle les contes des *Mille et une nuits* : plusieurs personnages viennent et racontent chacun leur propre histoire, à chaque fois différente mais aussi à chaque fois commune. C'est fondamentalement la même histoire sauf qu'à un moment la bifurcation a séparé les récits et c'est seulement celle-ci qui singularise chaque conteur. Tous se sont trouvés devant cinq portes. Le premier a choisi la première, le second la troisième, le troisième la seconde, et ainsi de suite…

– Tu aimerais les ouvrir toutes.

– J'aimerais savoir si en étant les cinq personnages, je choisirais d'ouvrir chacune des portes ou si le même réflexe ne me porterait pas à privilégier seulement quelques solutions.

– Je ne te suis pas.

– Voilà, tu arrives devant cinq portes. Il n'y a pas de raison *a priori* pour que tu en choisisses une plutôt qu'une autre.

– Sans doute.

– Pourtant, puisqu'il faut choisir, tu choisis. Ce choix, tu le ferais peut-être différemment si après avoir pu choisir une porte tu avais compris que le choix était mauvais. Tu procéderais ainsi par élimination ; c'est ce que fait le récit des *Mille et une nuits* puisque l'histoire de chaque personnage est racontée successivement. Mais en fait si chaque personnage ignore le choix des autres, ne choisissent-ils pas tous la même porte ? On répondra non, sans doute, parce qu'ils sont différents. Mais si je pouvais être chacun d'entre eux, ne choisirais-je pas la même porte ou du moins un nombre très restreint de portes et non pas toutes les cinq ? Et d'ailleurs d'où provient ma différence ? N'est-elle pas le résultat de mon choix et non ce qui l'a occasionné ?

– Mais plusieurs vies simultanées, cela n'a pas de sens. Même des clones ne seraient très rapidement pas identiques, tout simplement parce qu'ils ne peuvent se trouver au même endroit en même temps.

– Cela dépend de ce qu'on appelle un endroit. Si tu veux dire qu'on ne peut avoir plus de deux pieds dans les mêmes chaussures, c'est probable, mais je me demande si un endroit ne serait pas plutôt une situation ou un truc comme ça.

– Tu serais moi et je serais toi mais on se rencontre un jour dans un magasin de couleurs et c'est une situation.

– Tu connais l'histoire d'Œdipe ?

– Oui, je l'ai un peu oubliée mais je pense me souvenir de l'essentiel.

– Laïos sait qu'il ne doit pas avoir d'enfant. L'oracle a annoncé que son fils le tuerait mais, un jour qu'il est couché avec sa femme, il ne la prend pas comme il en a l'habitude et il ensemence son sillon. Un fils naît.

– Oh ! Mais je commence à comprendre comment tu transformes les endroits en situations. Mais la discussion prend un tour... Tu vas bientôt me renverser sur la moquette sans craindre les lieux communs. Comme séduction, c'est original !

– Je ne suis pas sûr que la moquette soit un lieu si commun. Il était fatal que Laïos ensemence son sillon. Jocaste devait en avoir assez de se faire sodomiser. Il était saoul. La configuration même du corps féminin allait dans cette direction.

– C'est gynécologique maintenant, tu veux que je te fasse un croquis, une coupe ? Et si tu m'as abordée, c'est à cause de la configuration de nos organes génitaux respectifs.

– Tu ne crois pas qu'il y a une raison pour que ce soit les hommes qui abordent les femmes. Même si les hommes sont timides et les femmes délurées, même si finalement l'homme ne fait qu'accomplir un rituel dénué de signification et que tout a été organisé par la femme, il faut que l'homme séduit accomplisse un petit quelque chose de masculin qui peut être absolument infime mais qui s'appelle « le premier pas ». Même si la femme lui a sauté dessus, a déchiré ses vêtements, il doit présenter une turgescence qui pointe son désir sur l'instigatrice et la désigne comme l'objet du désir, le sillon, comme chez Œdipe.

– Ce n'est pas très romantique. Je ne sais pas trop si je dois me sentir flattée d'avoir ainsi pour toi et ton soc pris la forme rudimentaire du sillon un jour dans un magasin.

– Ne te vexe pas Lisa. Même la description la plus poétique de ce que j'ai ressenti quand je t'ai vue pourrait te sembler prosaïque. On dit que les taureaux voient assez mal et que la forme qui les stimule est celle d'une croupe de vache.

– C'est encore mieux que ce que je pensais, tu me matais le cul, c'est comme dans la chanson, tu me dis que j'ai de beaux yeux mais tu penses à autre chose...

– Le cul est une chose et il est vrai qu'un joli derrière bien moulé dans un jean ou une jupe serrée... Ce n'est pas si mal mais je ne sais pas si ça fonctionne tout seul.

– Alors là je peux t'assurer que le plus joli derrière sans buste ni jambes...

– Arrête de te moquer. Sais-tu ce que j'ai regardé en premier chez toi ?

– Tu viens de le dire : mon cul !

– Pas exactement et cela fait une sacrée différence. Je t'ai vue de dos. Tes cheveux étaient presque rasés. Il faisait froid et j'ai aperçu ta nuque au-dessus de ton manteau, deux artères qui ressortaient à l'arrière de ton cou, fragiles et fortes, deux lignes qui s'enfonçaient sous ta calotte osseuse et qui descendaient dans ton dos.

– Si tu permets que je t'interrompe, c'était un beau jour d'automne et je ne portais pas de manteau mais un pull de coton que je me suis tricoté moi-même.

– Oui, tu as raison, ce sont tes seins que j'ai vus en premier. Ils battaient la mesure quand tu marchais. Tu ne portais pas de soutien-gorge.

– Je n'en porte toujours pas.

– Pourtant l'image de ta nuque m'est souvent revenue, mon regard glisse sur tes omoplates, il s'attarde sur le haut de tes fesses comme pour en mesurer l'inclinaison relative au reste du dos. Un méplat. Ensuite je suis la ligne de tes fesses. Je ferme les yeux et l'odeur de ta peau me revient.

Lisa ne disait plus rien. Elle regardait vaguement au fond de la pièce. Elle s'était étirée et son corps paraissait plus long que jamais. Elle était à ce moment précis presque lascive et aussi étrangement distante.

– Et si tu avais plusieurs vies, tu aimerais être moi ? Ma nuque, mes omoplates et tout le reste ?

– Non.

Où es-tu ?

Quand il s'éveilla, il ouvrit les yeux avec peine pour voir quelle heure indiquait son réveil : 7h30. La pièce était encore sombre et le réveil ne brillait que de la faible lampe incorporée qui s'allumait tant qu'on appuyait sur un gros bouton placé dessus. La femme respirait doucement à côté de lui. Elle avait légèrement frissonné quand il avait bougé mais ne semblait pas s'être réveillée ; F. sentait la chaleur de son corps qui irradiait et percevait aussi son odeur. Elle se parfumait sans doute mais ce qu'il sentait était un mélange d'odeur de peau grillée au soleil, de sueur et de parfum. Il s'y mêlait une odeur un peu forte d'après l'amour qui flottait encore dans la pièce, comme s'ils venaient juste de terminer.

Cette idée l'excita. Ils allaient peut-être recommencer quand elle se réveillerait. Mais ensuite, que dirait-elle ? Voudrait-elle rester ou se promener ? Ou partir ? Serait-elle tendre ou distante, un rien moqueuse ? Il ne put s'empêcher de penser au conducteur de la voiture-balai. À ce même moment, il était certainement réveillé. Il buvait un café fade en mangeant des tartines de pain rassis. Il fantasmait peut-être aussi. Le taux de testostérone atteint des sommets vers 7 heures du matin. Il aurait sûrement aimé se trouver ici dans ce lit. Qu'aurait-il fait à sa place ?

Il se dit qu'il aurait presque aimé qu'elle disparaisse au réveil comme un rêve et que les événements normaux reprennent leur cours. Il était ennuyé qu'elle puisse s'imaginer qu'elle avait pris une place dans sa vie. Que dire à quelqu'un avec qui on a fait l'amour quand on a terminé ? Il existe un certain nombre de mots agréables et tendres que se disent les amants mais dans ce cas précis aucun ne convenait. Cette pensée l'occupait maintenant de manière presque obsessionnelle. Il pouvait lui préparer le petit déjeuner et sortir acheter des croissants. Il se leva sans bruit. La pièce était encore obscure, les volets fermés, la femme dormait sur le ventre et un de ses genoux était replié si bien qu'on apercevait le commencement de sa toison rousse dans le pli de ses fesses, sous un rais de lumière très mince qui lui striait également le dos. Elle sembla un moment se retourner et il s'immobilisa. Sa respiration était lente. Il mit la bouilloire sur le feu pour expliquer son absence, elle comprendrait forcément qu'il était allé chercher les croissants. Il eut cependant un doute, le comprendrait-elle ? Il prit alors une feuille qu'il mit en évidence sur la table avec écrit en gros avec un feutre à tableau : « Je suis allé chercher les croissants. » Il posa la feuille sur la table et sortit. Dans l'escalier, il se sentit soulagé. Il retrouvait sa vie habituelle, bien qu'il ne soit pas réellement habituel pour lui d'aller acheter des croissants. Il avait gardé la coutume parentale du pain complet qui se garde plusieurs jours et se découpe en tranches fines jusqu'au dernier morceau. C'était finalement assez commun et convenu d'aller chercher les croissants, il aurait dû lui proposer une tranche de pain au seigle complet. Mais c'était déjà l'accepter dans son intimité. Un appartement qu'on loue, cher, dans une ville qu'on n'a jamais habitée avant, n'est d'aucune façon de l'ordre de l'intimité. Des murs blancs peints, des portes en bois de pin, des plinthes à dix centimètres du sol et une cuisine intégrée, un lit à lattes et un matelas en mousse ne sont pas l'intimité d'un homme. Il l'avait reçue chez lui mais finalement c'était bien peu de lui. Même d'avoir couché avec elle, c'était peu. Elle devait pratiquer cela de temps en temps. Son intimité commençait en fait avec ses habitudes et ses goûts et plus précisément avec les tartines de pain complet qu'il mangeait tous les matins et qu'il trempait avec délectation dans son cacao chaud. Ça aussi, c'était un reste de l'enfance. Il lui proposerait plutôt du thé avec les croissants comme cela elle ne saurait rien de lui. Elle connaîtrait la chaleur de ses mains et les caresses qui le faisaient réagir, l'odeur de sa peau, la forme et le toucher de son sexe, mais rien de ses habitudes alimentaires. En se faisant ces réflexions il se dit : « Ne suis-je pas un petit garçon qui récite la leçon de ses parents et qui considère que rien n'est plus important que ce qu'on mange ? » Cette question le taraudait maintenant qu'il s'approchait de la boulangerie au point qu'il ne se rendit pas compte qu'il l'avait même dépassée. Il entra et demanda cinq croissants au beurre et un pain spécial, en fait une boule de pain cuit au feu de bois et composé d'un mélange spécial de farine de blé complète et de farine de seigle au taux de blutage précis et indiqué en gros caractères sur le papier qui enveloppait le pain. Il reprit le chemin en sens inverse. Curieusement toutes les questions qu'il s'était posées sur le chemin de la boulangerie étaient transformées, si bien que maintenant il se demandait exclusivement quelle boisson il allait lui proposer et surtout ce qu'il allait lui dire, car en fait, l'essentiel de la question était là : que dire à la femme qu'on a tenue dans ses bras, qu'on a embrassée et qu'on a pénétrée de son sexe quand, justement, on n'a rien de spécial à lui dire ? C'était sans doute aussi une attitude de petit garçon et cette dernière idée l'agaçait plus encore que les autres.

Il interrompit le long monologue qu'il avait mené jusqu'à présent et brisa net le scénario.

– Où es-tu ?

Curieusement ce furent ces paroles, si brèves et si banales qui lui firent la plus forte impression. Jamais sans doute il ne les avait prononcées ainsi et pouvoir rentrer chez soi et dire sur un ton presque inquiet « où es-tu ? » lui paraissait relever du domaine incontestable de l'intimité, et de la plus intime intimité, celle qui colle à la peau et se tient si près des organes internes qu'elle en sent les moindres tressaillements. Il répéta sa question une deuxième fois, tout occupé qu'il était à décanter les trois mots de cette phrase unique. Il ne savait plus dire autre que chose que cela. « Où », c'est le lieu car dans quel lieu peux-tu te trouver et c'est bien le lieu de la présence qui importe. « Es », à la seconde personne du singulier, il n'y a pas d'autre expression que le « tu » du « toi » quand on s'adresse à quelqu'un avec qui on a passé la nuit et dont l'absence se fait soudain si inquiétante.

En sortant de la chambre il aperçut le papier qu'il avait laissé sur la table. Elle y avait laissé un message. Un instant il ressentit l'humiliation et la fureur. Il s'imagina une réponse dure, la plus dure : « Désolée pour les croissants, je n'aime que la queue. » Cette phrase s'imposa à lui comme une évidence, crue et vulgaire. Il n'avait pas mérité mieux. Rien ne pouvait être pire pourtant.

Le texte qu'il lut était tout autre. La femme avait écrit avec des caractères assez gros et bien dessinés, à la fois ronds et anguleux : « Que dit-on à son amant de la nuit ? Surtout, que lui laisse-t-on dire ? Qu'on était bien ? J'étais réveillée depuis longtemps, j'ai profité de votre absence pour m'éclipser. Merci pour les croissants. »

Il y avait dans ces paroles un mélange de tendresse et de distance auquel il ne s'attendait absolument pas. C'était exactement l'opposé de la phrase qu'il s'était imaginée un instant : non pas le refus doublé d'une familiarité simplement sexuelle mais une sorte de prévenance amicale et complice qui pourtant le maintenait à une distance irréductible. Il relut plusieurs fois le message mais rien de plus ne lui vint à l'esprit.

Un risque difficile à évaluer

La nuit quelquefois je dors les yeux ouverts et je ne peux alors me réveiller. Ce qui m'entoure me paraît bien être la seule chose qui compte. Je m'étire et regarde autour de moi mais la nuit est pleine et obscure. Je tâte alors ce qui se tient à la portée de ma main sans réussir à rien attraper et je bouscule quelque chose.

Le lendemain, je ne sais plus ce qui s'est passé mais un verre ou une bouteille d'eau renversés témoignent de mon agitation passée.

Charles Ives a passé une bonne partie de sa vie dans les assurances. Il a monté un cabinet avec son associé et les affaires ont été pour lui plutôt prospères. Son activité de musicien est toujours restée distincte de sa vie professionnelle et il a veillé à ce que les interférences soient limitées au strict nécessaire. L'objet de la recherche musicale de Charles Ives est justement les interférences de la vie. Il juxtapose des morceaux de vie, des sons, des bruits et les met ensemble sans réellement composer ce qu'on pourrait désigner sous le terme traditionnel de polyphonie car justement ces morceaux rapportés ne se rapportent pas les uns aux autres. Il y a une sorte d'étrangeté à entendre ces collages incongrus. Par exemple, dans *They are there,* on entend un chœur et un orchestre, mais les deux ne jouent pas ensemble. Ils ne jouent pas faux, ni décalés. Ils sont là, comme par hasard, dans la même pièce, ils font chacun ce qu'ils ont à faire, vaquent joyeusement et le résultat est aussi improbable que la vie elle-même et son mouvement. Que ceci devienne une comédie dans la quatrième symphonie ne signifie pas que le monde soit une comédie mais exprime bien la manière que nous avons de l'entendre. Un jour, nous nous arrêtons sur le bord de la route et, nous prenant la tête entre les mains, nous sommes surpris par la simultanéité des événements qui se précipitent sans que nous les ayons convoqués.

Charles Ives travaillait dans le domaine des assurances et donc très tôt il a appris à calculer les risques pour évaluer le taux des primes. Il n'a pas lui-même pratiqué l'activité d'actuaire mais il était assez bien au courant de la manière dont on pouvait évaluer le risque d'un client. Le principe de l'assurance est assez proche finalement de ce qu'on peut trouver dans un casino. Une machine à sous peut être réglée de manière à ce que la « restitution » soit de telle ou telle proportion par rapport aux sommes qui sont introduites. Si la fréquence des gains est trop espacée, il est possible que les clients désertent les machines pour aller voir ailleurs. L'idéal est de trouver le réglage parfait qui fidélise le client tout en dégageant la marge maximale. Il n'y a pas d'actuaire pour les machines à sous car n'importe quel gestionnaire, après un ou deux ans d'études supérieures, est capable de procéder à ce calcul simple. L'assurance est plus complexe car c'est l'homme même qui joue le rôle de la machine à sous et le *jackpot* est plutôt redouté. On joue la malchance en fait, en évitant le plus possible de tirer le numéro perdant. L'extraordinaire complexité de l'homme, organisme vivant, doué d'une culture et d'une histoire, fait que son risque est assez difficile à évaluer. Il ne peut, comme une machine à sous, être simplement réglé. L'assureur a cependant la possibilité lui-même de s'assurer contre le risque d'un client trop imprévisible.

Il n'est pas exclu que la musique de Charles Ives soit également la mesure d'un risque.

Quand je me regarde dans un miroir, je vois un homme grand, maigre, aux cheveux gris, qui me dévisage d'un air méfiant. C'est moi-même et pourtant j'ai de la peine à y croire malgré cette vague connivence que je lis sur son visage. Comme un souvenir, un homme âgé s'approche de moi, je ne le reconnais pas mais je sais qu'il ne m'est pas inconnu. Peut-on ainsi devenir aussi étranger ? Y a-t-il jamais eu quelque familiarité entre moi-même et mon visage ? Le matin je me découvre en surgissant du sommeil et c'est avec effroi que je me décide à me raser. Dehors les gens m'ignoreront où me reconnaîtront mais il sauront à quoi s'en tenir car il me verront comme je suis alors que moi je ne saisis que mon reflet. Ce que je vois n'existe pas, c'est l'image inversée de mon visage et elle se dérobe à moi plus sûrement que toute autre chose.

Sortant de la douche je contemple mon corps décharné, mon sexe pendant comme une gargouille de calcaire sous une toison déjà blanchie. Mon ventre est plus blanc que le plâtre et mon nombril n'y apparaît que comme une ombre, pâle, elle aussi. Mon côté est tendu et on discerne nettement les plus basses côtes. L'auréole minuscule et virile de mes seins d'homme est à peine plus rosée que le reste de ma peau. D'un rose gris et fané. Mon cou est sculpté et on voit bien qu'à partir d'un certain niveau le soleil et l'air ont brûlé la peau qui enveloppe un faisceau d'artères et de ligaments plus précisément que si je figurais sur une planche d'écorché. Ensuite il y a ce visage étranger qui, je le sais, ne peut être un autre que le mien et que je porte comme un croix familière. Je me perds dans la contemplation de mes yeux sombres aux pupilles agrandies par les collyres. La lumière m'éblouit. Je ferme les rideaux. Je sens sur ma langue un picotement mêlé d'amertume. Les parois de mon œsophage sont brûlées par des remontées acides. La vie est ceci : une brûlure et la peau et les muqueuses se chargent de nous le rappeler. C'est le contact le plus immédiat, le plus réel, le plus incident.

Moi aussi, j'ai tellement aimé l'angélisme de Webern. J'ai recopié ses *lieder* pour ensemble de chambre et j'avais tenté d'organiser le premier concert intégral de sa musique vocale.

Cela n'avait pas marché car il fallait pour cela réunir un nombre suffisant de personnes pour les œuvres chorales et il n'y avait pas alors de public pour cette musique. J'avais un disque, les quatuors, et je me repassais sans cesse les bagatelles. Aucune musique ne me troublait plus que celle-ci. Aujourd'hui encore je ne peux écouter sans émotion les quelques secondes des mouvements de bagatelles. Tout le reste paraît d'un seul coup bien bavard et je me dis...

On aimerait que ce qui nous trouble et nous émeut soit d'une nature universelle et que chacun puisse l'éprouver. Rien n'est moins certain. Le plaisir esthétique est lui aussi un enfermement. Les jeunes gens que je croise dans la rue avec leur *walkman* sur les oreilles regardent droit devant eux. Quand j'arrive à leur niveau j'entends une sorte de palpitation, sans aucun doute plus rapide que celle de leur cœur. Sauraient-ils apprécier ce que j'aime. Accepteraient-ils seulement de reconnaître que c'est de la musique ? Il faudrait pour cela que je puisse les y amener et les mettre devant le fait accompli, devant le mystère du son. Je crois maintenant qu'ils ne sauraient l'entendre car depuis longtemps il n'y a plus de mystère du son mais seulement des ondes reproduites par des membranes en papier ou en mylar, rien d'autre. Ils marchent et ne chantent pas. Personne ne chante plus d'ailleurs. Je me souviens avoir vu des gens chanter, c'était sur un bateau qui traversait la mer d'Irlande, il avait du retard car le temps était mauvais et il avait fallu attendre plusieurs heures dans les voitures sous la pluie. Nous étions tous les deux, c'était l'été, mais il faisait un temps gris et le vent soufflait. Le bateau avait été secoué. À l'intérieur il y avait une sorte de grande salle et des jeunes gens un peu éméchés avaient commencé à animer la soirée, ils chantaient

Tutti frutti d'Elvis. Le plus saoul utilisait une cannette de bière comme un micro, puis soudainement il avait entonné une ballade traditionnelle, juste les premières paroles. À ce moment, un timbre insolite s'était fait entendre : une très vieille dame avait commencé à chanter, toute seule, sa voix était à la fois frêle et tenace, elle avait empli toute la salle qui était devenue soudainement étrangement silencieuse. Un silence presque recueilli et le maigre filet de voix était devenu la voix de chacun. Le bateau était secoué et il y avait du roulis mais aucun verre ne se renversait ni aucune bouteille, chacun y veillait et je me souviens que la prosodie, le phrasé en étaient très nettement perceptibles. J'avais sorti mon carnet pour en noter le rythme.

Personne n'est innocent

Le conducteur de la voiture-balai venait de passer plusieurs mois en prison et il en ressentait une profonde transformation. Il avait clamé son innocence dans un premier temps avec une insistance qui confinait au pathétique jusqu'au jour où un codétenu qui était couvert de tatouages et portait une triple boucle d'oreille à chaque oreille lui avait dit :

– Tu sais ici, personne n'est innocent.

– Mais je suis innocent, je n'ai pas tué l'amant de ma femme !

– C'est possible, mais si tu es là, c'est qu'il y a une raison. Si tu n'as pas tué l'amant de ta femme tu aurais mieux fait de la tuer, vu que, de toute façon, tu es là maintenant. Quelqu'un l'a fait pour toi et tu es peut-être innocent, mais en prison et comme un couillon.

Il n'y avait rien à répondre à un tel argument. L'homme ne semblait pas hostile. S'il lui avait dit cela, c'était en quelque sorte par amitié où plutôt par cette solidarité qui lie les codétenus au bout d'un certain moment. On l'avait considéré jusqu'alors comme un parfait couillon et au bout de quelques mois on avait la bonté de le lui dire.

Pendant la promenade, il longeait les murs de la cour et il se disait qu'il n'avait jamais rien fait d'autre. Cela avait commencé très tôt. Quand il était petit il souffrait de vertiges et il rentrait de l'école en tendant le bras droit pour sentir le mur. Il se souvenait. À un moment, il devait passer sous un pont sous la voie ferrée. Il fermait les yeux et avançait comme un aveugle dans l'obscurité en tâtant la paroi de ciment.

Souvent, il avait poussé un caillou du pied en rentrant chez lui le soir après l'école. Il choisissait un caillou de dimension moyenne et vaguement rond. En fait une sorte de petite météorite des chemins goudronnés qui avait échappé à son destin de bitume. Le caillou était poussé du pied à un mètre ou deux, quelquefois plus. Quand il partait de travers il allait au milieu de la route pour le chercher. S'il tombait dans le fossé, il ne repartait pas avant de l'avoir trouvé. À côté de l'entrée de sa maison, il y avait un petit tas de pierres que les années avaient peu à peu recouvert de terre végétale et d'herbe. Un tumulus sous lequel gisaient mortes-nées, des années d'enfance qu'il avait traversées la tête vide, essentiellement obsédé par des trajets inaboutis de pierres poussées du pied droit.

À dire vrai celui qui n'était pas encore le conducteur de la voiture-balai avait très peu de pensées. Ce qui lui tenait lieu de pensées se réduisait à des trajets d'objets qui traversaient son champ visuel : des vélos, des voitures, des gens, des pierres poussées, des gouttes de pluie et lui-même avançait dans cet univers météorique et raréfié comme une machine de chair et d'os. Il se contentait de suivre le bord et cela le menait parfois à de longs détours. Rien ne l'effrayait comme une cour goudronnée vide et nue sur laquelle aucune ligne n'avait été tracée pour le basket ou le hand. Il éprouvait alors une sorte de vertige devant cette surface plane. Il lui était arrivé de tomber et ses camarades de classe avaient appelé l'instituteur. Le médecin n'avait rien trouvé de spécial.

Avoir très peu de pensées ne signifie pas qu'on n'en a aucune, bien au contraire, mais ces rares pensées qui se manifestaient étaient des pensées très prenantes et même, elles occupaient toute la place sans laisser à d'autres la possibilité d'apparaître. Le langage s'y trouvait réduit au maximum et très souvent sa femme s'était irrité de ce qu'elle appelait son insensibilité. Elle aurait aimé qu'il lui dise des choses dont il n'avait aucune idée et qu'elle n'était pas elle-même en mesure de formuler. Quand il lui demandait ce qu'il fallait dire, elle se fâchait parce que, disait-elle, c'était à lui de trouver.

Malgré le peu de mots qu'il possédait à son vocabulaire, il était indéniable que son sens de l'abstraction n'était pas altéré, bien au contraire. Son jeune professeur de biologie en fut très surpris au début : il avait beaucoup de mal à exprimer une expérience concrète alors que son aptitude à comprendre et exprimer des abstractions était tout à fait correcte. Il vivait dans un monde de lignes et d'objets. Son mariage n'avait certainement pas été une bonne chose ni pour lui ni pour sa femme. Il ne savait pas pourquoi ça n'avait pas marché. Sa femme était assez jolie mais dès le départ elle l'avait traité comme un demeuré avec une sorte de mépris teinté de bienveillance dont seules sont capables les femmes. Elle lui faisait ressentir son infériorité d'une façon constante. Au bout d'un moment il ne s'était trouvé bien que dans son véhicule de nettoyage. Avancer à quinze kilomètres à l'heure en suivant la ligne du trottoir pour ramasser les feuilles et les détritus lui convenait absolument. Il suivait la ligne et c'était assez pour lui. Il était fasciné par cette ligne et lui-même ne pensait pas être autre chose que le véhicule qu'il conduisait.

Un jour, alors qu'il avait environ vingt-deux ans, il s'était trouvé être invité à une noce. Il regardait les danseurs sur la piste. L'orchestre connaissait tous les goûts, ceux des jeunes et des vieux. Il jouait si fort que personne ne pouvait parler, on pouvait essayer, mais il était inutile d'espérer se faire entendre. Le bruit plongeait toute l'assemblée dans une sorte d'abrutissement. Il ne restait que la proximité des corps, et son langage fait de pression et d'étendue plus ou moins grande du contact. Et l'alcool. Lui avait choisi l'alcool. Assis sur le bord de la piste près d'une table il vidait verre après verre. Il ne devait pas avoir l'air trop saoul car une jeune fille s'approcha de lui.

Elle avait une mise en plis et une robe rose courte et très décolletée qui laissait entrevoir le renflement de ses seins. Elle n'avait personne avec qui danser et elle l'avait trouvé assez bien pour cela. Il lui dit qu'il ne savait pas danser mais il y avait trop de bruit et ses paroles restèrent sur ses lèvres, il se trouva embarqué. Après tout la danse est aussi une affaire de bordure et le vertige y est comme enroulé dans une sorte de mouvement continu. Il préférait les autotamponneuses mais le contact tiède du corps de sa partenaire n'était pas pour lui déplaire. Ils dansèrent donc et plus d'une danse. La jeune femme ne songeait pas à changer de partenaire et à la fin de la soirée elle lui demanda s'il avait une voiture. Il voulut boire un dernier verre avec les copains mais elle le prit par le bras en lui disant qu'il avait assez bu. Il l'emmena dans sa voiture et là, il se passa quelque chose à quoi il ne s'attendait pas. Elle lui prit sa main et la glissa sur sa poitrine. Il sentit le sein légèrement mouillé de sueur, en parcourut la rondeur jusqu'au moment où il arriva sur le bout qui était mou mais qui se raidit un peu quand il l'eut touché du bout de ses doigts. La jeune fille rit et lui dit qu'il la chatouillait. Il ne savait pas trop si c'était un encouragement ou une réprimande. On apprend plein de choses dans la vie en vue de situations qui n'arrivent jamais et pour ce qui arrive presque à coup sûr, on n'apprend rien et on reste démuni. La jeune fille, elle, ne paraissait pas particulièrement démunie. Elle souleva sa robe rose, puis la déboutonna. Il vit son corps blanc et ses sous-vêtements. C'était une apparition terrible et saisissante. Elle prit sa main et la plaça entre ses jambes. Il y avait là, derrière le tissu ténu, de la chair et des poils. Il frissonna de tout son corps. La jeune fille aima ce frisson qu'elle prit sans doute pour du désir. Elle déboutonna sa ceinture puis le bouton de son pantalon et chercha son sexe qui était, cela le surprit aussi, parfaitement rigide. Ce fut une première nuit d'amour au clair de lune dans une position inconfortable car le siège n'était pas tout à fait inclinable si bien qu'il fallut faire des contorsions pour qu'il réussisse à s'introduire en elle. Mais la jeune fille semblait assez adroite et surtout elle n'était point du tout gênée par sa respiration accélérée. Elle prit son sexe, puis s'inclina sur le côté et se mit à souffler fort en gémissant. Lui-même n'avait pas une représentation très nette de la situation et, bien que la peau de son gland fût fortement frottée et qu'il en ressentît une indéniable excitation, il ne savait pas trop s'il était dehors ou dedans. Il l'apprit bientôt. Le lendemain il se réveilla avec la gueule de bois et une sensation bizarre. Ils se marièrent deux mois plus tard et eurent leur premier enfant peu après. Manifestement, il avait été conçu dans la voiture.

Souvent il se disait : « Ce n'était pas un accident. » Malgré quelques réticences à le penser, il ne pouvait s'empêcher de croire que sa femme avait tout prévu, de la première danse à la conception, puis au mariage (à aucun moment il ne pensa que l'enfant pouvait être d'un autre que de lui). Cela n'avait pourtant aucun sens ! Que sont deux êtres comme eux, un homme et une femme, ils se rencontrent sur le bord d'une piste de danse et leurs trajets se croisent. Ils se heurtent. L'homme entre dans la femme qui l'a attiré vers elle et ils organisent ensuite une vie de malheur.

Sa femme semblait attendre de lui des choses qui lui paraissaient absolument énigmatiques. Rien n'allait vraiment, ni à la maison, ni au lit, ni pour les enfants. Il l'aimait parce que c'était sa femme mais jamais il n'avait retrouvé cet étonnement du soir dans la voiture au clair de lune. Il n'eut avec elle vraiment du plaisir qu'une fois et encore ne s'en rendit-il compte qu'après coup.

Il l'observait. Elle était toujours jolie mais lui la trouvait terriblement enlaidie. Pourtant n'importe qui aurait sans doute trouvé qu'elle savait mieux mettre ses traits en valeur. Elle avait perdu cet aspect encore un peu poupin de l'adolescente. Il y avait aussi une dureté nouvelle, assez belle, mais qui lui échappait totalement. Elle était devenue en même temps familière et étrangère. Elle le connaissait et lui aussi. Il savait quand elle allait lui dire quelque chose à quoi il ne saurait pas répondre, ou plus durement encore quand elle allait ne rien dire. Rien ne perçait à travers cette familiarité sans visage. Cette connaissance était inutile car elle ne lui apportait aucune compréhension. Quand il avait deviné qu'elle le trompait avec son chef, il en avait presque éprouvé du soulagement. C'était une histoire qui retombait dans le genre que les gens connaissent. Une histoire de mari trompé. Il l'avait non pas surprise mais démasquée. Pourtant derrière le masque il n'y avait rien d'autre qu'elle-même. Le masque s'était animé sous la force du plaisir sexuel et il avait revu, un instant, le visage convulsé de celle qui dans la voiture faisait tout ce qu'il fallait pour devenir sa femme. Il se dit que ce soir-là, au bal, n'importe qui d'autre aurait fait l'affaire et en cela on peut penser qu'il se trompait. Lui seul était une affaire.

Des plis de peau

Le matin, je me réveille en sueur dans mon lit, mes yeux me brûlent et mes articulations sont douloureuses. Il fait nuit encore. Dehors, j'entends le vent et la pluie. Si le réveil est un surgissement de nulle part - car je ne me souviens d'aucun rêve - j'en suis déjà fourbu, comme si pendant toute la nuit j'avais travaillé dans des mines de sel. Mais ce que je comprends, en même temps que mes pensées se forment, c'est cela : mon épuisement est ma véritable nature ; il n'y en a pas d'autre où je serais bien-portant, reposé, svelte et jeune. Ce qui surgit de la nuit est ma propre nuit. J'en suis émerveillé car, il y a quelques instants encore, mes pensés divaguaient… Mon corps assoupi occupait une certaine place, il s'est agité comme s'il était mu de l'intérieur et s'est mis à suer. La sueur extrudée s'est mise à perler et à tracer sur moi tout un réseau de bifurcations froides. Le corps n'est rien de par soi, une masse de viande tiède qu'agitent les soubresauts de la nuit. Il ne peut être appelé, juste nommé, si bien que rien exactement ne peut être désigné comme un corps, juste celui-là qui gît. La parfaite singularité, aussi unique que le sont les intersections des rigoles de sueur qui désormais me creusent et tracent des sillons de peau plissée. C'est une carte que je contemple : mon ventre, mes jambes, ma poitrine. Je ne bouge pas. Sur mon plexus une carte du ciel et une de la terre sont superposées.

Mes pensées singulières nomment des points et des constellations. Mon regard se fixe sur des plis de peau. Mes pensées ne se rassemblent pas. J'essaie tour à tour, la succession, l'intersection et la boucle mais aucune figure ne convient. Mes pensées manquent de matière, elles ne sont nourries par rien, elles s'effilochent. Mon attention tarde à se fixer car chaque pensée la requiert entièrement. Et chaque pensée est un objet particulier, je m'y engloutis entièrement devenant, à chaque instant, ce que je pense et rien d'autre : le cri d'un oiseau, le rais de lumière sous la porte, le tissu qui se froisse sous ma main moite. Le vertige me prend ainsi car tout devient cri d'oiseau, rais de lumière ou froissement, sans que je puisse concevoir un monde pour cela, pas même une fragile conjonction. Le cri d'oiseau déchire le ciel et il y a les deux côtés du ciel. Le temps advient. Je ferme les yeux pour penser les limites de ce que, maintenant, je suis bien tenté d'appeler *mon corps* et, m'arrachant à lui, je me précipite dans la salle de bains pour y retrouver des pensées communes. J'allume la radio. Le débat du matin porte sur l'intervention de l'État dans la vie artistique. Un plasticien danois d'origine groenlandaise explique sa pratique de l'ikebana avec des crottes d'origine animale, malaxées et sculptées, entourées de feuilles de papier sulfurisées, huilées, qu'il passe ensuite au four. Une bourse de deux années lui a permis de trouver les ressources nécessaires à sa création. Il a été également parrainé par une marque d'électroménager. L'objet industriel chauffant se joint au réseau électrique et se trouve en quelque sorte dépassé comme objet, il n'est plus qu'un terminal chauffant qui adhère à la puissance de la norme : 220 volts exactement. Le papier est plié et cuit, puis noirci et réduit en cendres, ainsi que son contenu qui se rétracte et durcit jusqu'au moment où il devient aussi friable qu'un bloc de talc noir. Il atteste le retour à la singularité de la cendre, qui n'est bien sûr qu'un corps particulier mais aussi ce qui retourne à toute cendre. Un anthropologue, invité au débat, intervient, et sans doute pour maintenir le débat dans le pli, le sac du cercle polaire, évoque l'utilisation comme carburant des excréments des rennes par les Lapons. Les masses de crottes sont presque l'État lui-même, résidu biologique asséché et gelé, qui constitue à la fois le surplus et la réserve inépuisable, la « masse critique ». L'esquimau évoque alors avec nostalgie un voyage qu'il a fait en Irlande. Il avait loué un 4x4 avec son épouse et ils avaient fait du tourisme en Irlande du sud, dormant chez l'habitant et achetant, ici et là, des productions de l'artisanat local, pull et gilet, inutilisables au Groenland où on ne porte que du gore-tex mais particulièrement adaptés à des week-ends dans le Cantal ou en Haute-Garonne. Il avait été surpris par l'exploitation systématique de la tourbe. Le pays se chauffait en se creusant et, un jour peut-être, il n'y aurait plus que des trous un peu partout. Cela lui avait rappelé la banquise. Ces hommes, se disait-il, vivaient sur une sorte de banquise fossile, l'Irlande était un vague ensemble de pitons rocheux enfouis et recouverts d'un peu de calcaire et de tourbe.

En fait il ne savait pas du tout ce qu'était un État avant d'avoir touché la terre ferme. Le Groenland est un archipel recouvert d'une calotte de glace qui, à certains endroits, atteint presque 500 m d'épaisseur. L'été se découvrent, sur les pourtours, des langues de terre et de rochers presque aussitôt recouverts de neige. Il y avait une base américaine mais, hormis l'interdiction d'en franchir les limites, cela ne ressemblait pas à un État. Dans l'hiver blanc, on voyait décoller des hélicoptères de plates-formes suréquipées, avec des projecteurs qui réussissaient à percer la neige qui tombait dru. Cette puissance électrique à elle seule aurait pu ressembler à un État, si elle n'avait pas été construite sur de la glace.

Le bateau s'approchait du Danemark à la fin des années soixante-dix, et le Groenlandais vit d'abord le Limfjord au nord du Jutland. Rien de plus décevant que ces falaises basses et sablonneuses aux contours incertains, qui semblaient prises par les eaux et les hautes herbes. Le Danemark ressemblait à un Groenland dont la calotte glaciaire se serait totalement retirée, ne laissant qu'un banc de sable et quelques alluvions. C'est à ce moment qu'il a commencé à travailler sur les excréments. Il était logé par l'État danois à Copenhague, près du port, dans une petite résidence réservée aux étudiants en arts plastiques.

J'avais beau changer de station, c'était toujours le même flux de paroles et on aurait pu croire que c'était la même émission, juste dans des dimensions spatio-temporelles légèrement décalées. Le Groenlandais avait maintenant l'accent aveyronnais, il racontait comment il avait été extraordinairement étonné par le nombre de carrières creusées à ciel ouvert. Il s'étonnait que l'État se mette ainsi à vif en offrant, à qui le voulait, des concessions. On aurait pu descendre jusqu'à des seuils inimaginables. Il avait longé de grandes carrières avec une longue-vue et la contemplation de ces hommes minuscules, au creux de la cavité, l'avait impressionné. Je dus constater que chaque station donnait la même heure en même temps; une sorte de rotation, dévalant d'un coup de main toutes les stations de FM, me dit qu'il était exactement 7 heures. Cela me laissa penser que la puissance de l'État résidait dans la faculté de résister au mouvement et au temps. L'excavation ni l'entropie ne l'altéraient. Le Groenland ne serait jamais un état, il fondrait puis partirait à la dérive en petits icebergs qui racleraient l'archipel jusqu'à le creuser plus encore; il serait recouvert par les eaux plus hautes. Les côtes du Danemark, quant à elles, se déliteraient comme des châteaux de sable, précipitant des hordes de porcs à la mer qui s'y jetteraient comme de gras lemmings…

Cela me rappelait à la fin des années soixante : celle qui allait devenir ma femme, m'avait emmené à un concert de Stokhausen. Il faisait défiler des stations de radio, était entouré de tout un appareillage. Il tournait un bouton relié à une courroie. Ma compagne avait alors cité ce vers fameux de Mallarmé : « et l'unique cordeau des trompettes marines », puis nous avions ri simultanément.

Le stagiaire/prison sensorielle

Dans ma boîte je regarde les contours et les angles des murs. Tout est blanc, les masses s'écrasent sous la lumière zénithale qui tombe d'un décrochement oblique du plafond. L'écran est positionné de telle façon que jamais on ne se trouve en contre-jour. Il n'y a pas de reflets, mais cela aussi a été pensé. Finalement on se croirait dans la cellule d'un moine. Rien n'arrête le regard, le mobilier est sobre, en bois clair, et les murs sont vides. La matière rugueuse qui les recouvre ne se prête pas au pointage. Elle change un peu avec le jour, en accrochant dans ses imperceptibles cavités des parcelles d'ombre minuscules, qui donnent au blanc une sorte de transparence que le blanc à lui seul n'aurait jamais. Toute surface claire renvoie la lumière et devient comme un écran. Ici au contraire, c'est un blanc qui s'évide et capte la lumière. Le stagiaire se demanda à quoi pouvait ressembler une prison sensorielle. Pouvait-on le priver du souvenir de la peau de Lisa ? Il lui suffisait d'y penser pour retrouver son odeur. Il ne craignait pas de l'oublier. Il était certainement privilégié d'une certaine façon. Certes, son bureau n'était pas dans le bâtiment principal, mais il avait échappé au loft ultramoderne et au luxe tapageur de l'évidement. Il faisait partie de la structure quasi-régulière de l'entreprise, celle qui scrutait le siècle sans s'y commettre. L'environnement était monacal. Dans un lieu comme celui-ci, il est difficile de décider avec certitude si on a beaucoup de pensées ou non. On dit « beaucoup » quand tout un tas de choses nous passent par la tête. L'analogie est un mode d'appréhension du monde presque infini, c'est sa force et sa faiblesse. Tout nous passe entre les mains mais, de proche en proche, il ne nous reste plus rien. Le monde se réduit à une suite d'images subliminales, d'associations d'idées, de souvenirs d'enfance, moins encore, le flot continu, le mouvement strié des images sans cesse renouvelées.

On dit « peu » quand toute notre capacité à penser est mobilisée par une seule idée. La traque méthodique des goûts du public, ceux qui se tiennent encore dans la zone grise de la conscience et peut-être même n'existent pas encore. Grâce à son modèle, une population entière lui était livrée sous la forme d'une courbe torsadée qui se dépliait ou, au contraire, s'enroulait sur elle-même. Chaque métamorphose était annonciatrice.

Il était étrange de constater à quel point les *inputs* prenaient le pas sur les *outputs*. Les structures de distribution des marchandises avaient fini par recouvrir presque toute la périphérie des villes, alors que les infrastructures d'évacuation restaient cachées. Les camions de ramassage des ordures ménagères passaient au lever du jour. Les eaux usées disparaissaient dans des canalisations dont on ne connaissait aucunement la disposition. Même du vingtième étage d'un immeuble, en plein centre d'une grande métropole, on réussissait à évacuer les excréments sans que rien n'y paraisse.

Le stagiaire sourit, il pensait au passage de l'*Ulysse* de Joyce où Bloom chie, un souvenir de son programme de prépa scientifique. Le passage fit scandale et on y voit souvent l'expression la plus aboutie du flux de la conscience. Sans doute par antiphrase car la conscience n'est sectionnée par aucun sphincter conceptuel ou alors, à l'inverse, le resserrement des muscles anaux nous rappelle qu'il faut s'arrêter de penser pour penser. En réalité, le monde n'est aucunement absorbé mais bien résorbé.

Cela posait en des termes nouveaux, la question de la concentration, terme qu'on utilise presque toujours de manière abusive. Que signifie se « concentrer » sinon se fixer sur un point ? Mais ce point central n'avait aucune vocation à être assimilé, bien au contraire ! Toute la vie poussait à son refoulement en dehors de nous.

La cellule n'était pas nécessaire au moine, pas plus que les murs du monastère, ni un ordre quelconque. Saint François l'avait bien compris en rédigeant sa première règle des frères Mineurs. Il en allait de même pour lui. Il aurait pu quitter son bureau, même sans aucun outil, ni portable, ni téléphone mobile, juste les paumes de ses mains ouvertes dans ses poches. La vie monacale était le lot de chacun car, de son enveloppe de peau, il était impossible de se défaire. Il pensa à une belle image de BD qu'il avait vue, où une femme androïde se dépare de sa combinaison de peau nue et tentante pour révéler un robot de métal, une somme de mécanismes qui ne pourra jamais être dénudée. Des organes, des systèmes connectés les uns aux autres…

Un fantasme ! Même à l'intérieur du corps, on ne trouvait jamais que de nouvelles membranes, qui en enveloppaient d'autres, plus subtiles. Des filaments, des canaux minuscules… Et si le sang venait à jaillir, il se coagulait ou devenait poisseux. Pour cette raison, on avait beaucoup de mal à placer des instruments de mesure à l'intérieur du corps ; ils étaient trop vite entourés d'une gangue organique qui les isolait. Ses doigts rongés avaient fini par se couvrir d'une peau rouge qui évoquait la fragilité des muqueuses. Quand il se les mordait, il léchait son sang.

L'araignée noire

La musique de Hauer abolissait radicalement la différence entre polyphonie et monodie. Cet autrichien, ancien instituteur, méprisé par Adorno et brocardé par Schönberg, qui s'était obstiné à revendiquer vainement l'antériorité de l'invention de la méthode dodécaphonique, avait composé une musique grise auprès de laquelle toutes les tentatives de l'après-guerre, de Donaueschingen à Darmstadt, semblaient soudain empreintes de la fadeur de ce qui n'a su atteindre la véritable fadeur : celle où le goût se sent lui-même, où les papilles s'expriment jusqu'au sang.

Il avait assisté à l'unique représentation de *L'araignée noire* à Vienne. Il était invité par l'université et avait passé plusieurs jours chez un collègue qui l'avait hébergé dans son petit appartement, un peu excentré, pas loin de l'église de l'hôpital psychiatrique. Ils étaient allés à l'Opéra. *L'araignée noire* est presque romantique dans son sujet. On se croirait presque au début du XIXe, un peu après le *Freichutz* ou *Ondine*. Entre la féerie et l'horreur. Le livret, adapté d'un roman suisse écrit en 1842, contrastait curieusement avec les sujets plus réalistes ou volontiers mythologiques de ses contemporains : *Wozzeck* ou *Moïse & Aaron*. Même le *Doktor Faust* de Busoni s'arrachait délibérément à ce romantisme néo-médiéval, volontiers gothique qui culminait dans la scène des Gorges aux Loups, pour s'épuiser dérisoirement dans le *Macbeth* de Verdi et que Wagner avait quasiment déplié et disséqué dans les *Maîtres chanteurs*. Dans *L'araignée noire*, la musique donnait à l'horreur tous les accents du sarcasme par son impassibilité même. Les chanteurs, des habitués du répertoire wagnérien, s'époumonaient sans aucun résultat dramatique.

Tout l'opéra était fondé sur une seule série qui se répétait inlassablement. Le même accord s'altérait insensiblement, traversé par des lignes qui se croisaient, interféraient, indéfiniment. Une série de douze notes pouvait générer 479 001 600 combinaisons. La caractérisation des personnages était impossible et le développement des thèmes également. Le plus étrange résidait dans le caractère strictement indécidable de la musique de Hauer : monodie ou polyphonie ? La musique glissait littéralement. Le nombre de combinaisons permettait d'éviter le ressassement mais on avait le sentiment d'entendre toujours la même chose. La répétition immuable de la série intégrale interdisait tout pathos. Le contraste avec le sujet du livret était insoutenable. Il s'en dégageait une impression oppressante. Une musique d'épuisement.

Le soir, il dormit chez les Müller. Anna Magdalena, alias Mme Müller, était une femme discrète, au teint blanc et aux cheveux sombres. Il ne pouvait s'empêcher de la nommer Ruzena car elle évoquait une belle tzigane. Elle était peut-être juive. Il ne le sut jamais. De ce temps, il avait gardé des souvenirs qu'il n'avait jamais confiés à personne. Il écrivit : « La pâleur de son teint laissait présager un contact surprenant et, la première fois que son mari me la présenta, je l'embrassai sur la joue. Elle fut un peu surprise mais ne recula pas et fermant les yeux, je me concentrai sur ses lèvres et inspirai l'air qui émanait d'elle, l'entourait. Cela ne dura qu'une fraction de seconde mais je peux, encore aujourd'hui, en détailler tous les moments. Je me représentai son corps tout blanc, incapable de décider si sa peau était souple ou ferme, tant sa texture semblait rebelle à tout classement. Je la voyais nue, inclinée sur le côté, sa poitrine semblait tendre l'épiderme en un plein nonchalant et gracieux. Sa hanche était très marquée, arrondie, mais l'os iliaque la creusait et laissait une ombre qui rejoignait sa toison sombre et sinueuse. Je sus, à la regarder, que presque aussitôt elle comprit. Cela augmenta mon amitié et mes prévenances pour le docteur Müller qui m'avait invité et logé chez lui, me livrant sans méfiance sa bibliothèque, ses recherches et sa femme. »

Le stagiaire / la main invisible : mémoire

Tout autant que Descartes, et peut-être avec plus d'ampleur encore, l'économiste Adam Smith avait consacré l'autonomie du sujet. Quand je dis l'économiste, le terme est presque inexact tant il laisse entendre qu'avant lui il y avait déjà une économie et des économistes. Non. Il y avait l'idée d'un ordre de la maison, mais à aucun moment il ne pouvait déborder au point de toucher tous les domaines et, par conséquent, jeter sur la maison un étrange soupçon : si partout est ma maison, où est-elle ? Question à laquelle l'universalisme chrétien n'avait apporté qu'une réponse très partielle. En ce sens, on peut dire encore qu'Adam Smith est un économiste chrétien, tenu juste par le paradoxe de l'anomie christique. Il faut donc entendre à son propos *Économie* et *Économiste* en un sens cardinal comme on dit à propos d'Averroès : *Le Commentateur*. Il n'appartient pas à un genre préexistant, et ce, malgré les Quesnay et autres précurseurs.

On attribue avec raison à Adam Smith l'invention de la loi du marché. Avant lui il y avait certes des marchés, et même plus concrètement qu'aujourd'hui, car dans un supermarché, le marché est presque abstrait, la confrontation n'agit que si on se déplace d'une grande surface à l'autre. On est dans l'hypermarché comme un personnage de Star Trek dans l'hyperespace : il faut actionner une manette pour en percevoir le concept. Qui pense encore passer un marché avec la caissière, alors qu'elle ne nous regarde pas et fait défiler les marchandises devant un lecteur optique ? Elle n'est d'ailleurs elle-même qu'une annexe de la caisse qui enregistre et mémorise nos mouvements. Hôtesse d'accueil, dirait-on. Mais, si Adam Smith est l'inventeur du concept, ce n'est pas le plus important car, en tout état de cause, il ne s'agit que du mécanisme d'une modification beaucoup plus radicale :

l'apologie de l'égoïsme parce qu'il contribue au bien-être général, l'intérêt bien compris de chacun, qui optimise ses gains sur le marché de façon à obtenir le plus en donnant le moins. Adam Smith met à plat tous les systèmes de dons qui fondaient les communautés, engageaient les alliances et déterminaient les systèmes de valeurs. D'un seul coup, deux mille ans de littérature deviennent incompréhensibles : on se demande pourquoi Agamemnon part à la conquête de Troie, pourquoi Oreste tue sa mère, pourquoi Orphée se retourne enfin? À peu près à la même époque que celle de la publication de *La richesse des nations*, le chevalier Gluck, qui tente de refonder l'opéra sur des bases nouvelles, imagine un Orphée à issue heureuse.

Adam Smith propose une société d'égoïstes qui prospèrent en maximisant, ce que l'on désignera, quelques décennies plus tard, comme le fondement de la société bourgeoise. Celle que nous connaissons peu ou prou, sauf que l'idée même d'une société bourgeoise nous est aujourd'hui insolite, les deux termes s'étant l'un et l'autre vidés de leur pauvre signification.

Cet égoïsme naturel, presque animal supposait-on, s'était lui aussi transformé en concept sans qu'on s'en rende compte, si bien que les rares libertins qui le revendiquaient, se trouvèrent eux aussi emportés par la vacuité et le caractère suranné de leur vain blasphème. La seule loi du plus fort et l'instinct de conservation ne font pas l'égoïsme. Et quand Freud prétend que l'enfant est fondamentalement égoïste et que c'est par intérêt propre qu'il finit par découvrir l'amour, il se réfère probablement à Adam Smith. Mais une lecture précise le montre: c'est l'égoïsme qui rend humain et l'instinct animal en est bien incapable. Il faut que l'intérêt soit bien compris, sans quoi on retombe dans les errances de l'espèce ou les aléas d'une générosité qui ne se comprend pas elle-même. Les histoires de mère pélican qui déchire ses entrailles, ou de chien qui vient mourir sur la tombe de son maître ont pour seule fonction de nous rappeler que nous ne sommes pas des animaux.

Là, il y a un extraordinaire tour de passe-passe, un saut qualitatif aussi radical que l'exclusion du paradis terrestre : l'intérêt bien compris de chacun aboutit à celui de tous. Cette révolution rend presque fade celle de Copernic. Le sujet égoïste, en même temps qu'il s'affirme dans son ego, en est déparé par une subtile transsubstantiation. Le philanthrope n'est désormais plus qu'un naïf ou un pervers. C'est de l'égoïsme de mon boucher que j'attends la meilleure viande au meilleur prix. S'il cherche à m'arnaquer, je n'y retournerai plus, il fera faillite, ses enfants seront réduits à la misère, sa femme le quittera, ses parents le maudiront et il ne pourra profiter de sa mauvaise action. S'il est philanthrope, ce dont je doute fort, il risque d'arriver exactement la même chose et peut-être même pire encore. Ses parents ne le maudiront pas parce qu'ils seront déjà morts de faim et de froid, et sa famille connaîtra, en plus de sa déchéance, le sentiment de son irrémédiable perte.

Ce qui opère la transformation a pour nom chez Adam Smith : *la main invisible*. La puissance régulatrice, qui rend aux uns ce qu'ils peuvent perdre par ailleurs, finit par garantir, au nom même du marché, la loi du marché. Aucun concept n'est ainsi aussi replié sur lui-même. Ça marche ou « it flows » comme on dit en anglo-américain. Si l'ensemble des richesses d'une nation correspond à l'ensemble des richesses qui s'échangent, il faut bien qu'elles circulent et se trouvent ainsi quelque part.

La main invisible n'est pas exactement ce qu'on nomme un concept, ni d'ailleurs une métaphore. Ce n'est pas parce qu'il a des mains que l'homme est le plus intelligent des êtres, mais parce qu'il est le plus intelligent qu'il a des mains. La main invisible reste une main, elle est alors la pluralité même, l'outil démultiplié à l'infini, elle est aussi l'unicité de l'intelligence qui répugne à la singularité.

Pourquoi Adam Smith a-t-il nommé main ce qui ne saurait se voir ? Faut-il penser que Dieu est Dieu parce qu'il a une main ? À l'image de l'homme. Ainsi cette énigmatique main surgissant de la mosaïque de la coupole du chœur de *saint Apollinaire in Classe* à Ravenne, que j'avais entrevue lors d'un voyage alors que j'étais encore élève de lycée. Il est probable que l'évocation de la main invisible renvoie à des références évangéliques, notamment au passage où le Christ déclare que la main gauche doit ignorer ce que fait la droite. Comme tous les hommes inquiets, le Christ souffrait d'un certain dysfonctionnement de la paroi calleuse du cerveau, qui permet aux deux hémisphères cérébraux de se communiquer des informations. Les différences dans la manière de se signer, comme l'écart jamais réduit entre les traditions johannique et paulinienne, orthodoxe et catholique, proviennent essentiellement de cette difficulté à relier les parties gauches et droites du cerveau. Ce qui explique quelques formules sibyllines comme : « Il faut rendre à César ce qui est à César et à Dieu ce qui est à Dieu. » Le Christ mêlait allégrement sermon discursif et association d'idées. Il en résultait un charme charismatique qui s'exerçait sur ses disciples, mais aussi une certaine difficulté à prendre des notes. Pour cette raison les loggias sont rares, étonnamment privées de style personnel : des paroles agissantes qui ne gagnaient rien à être écrites. Jean l'apôtre l'explique très bien au début de son évangile.

On interprète généralement la recommandation de l'ignorance de la main par l'autre comme le détachement du don. À une époque où les échanges sont encore souvent régis par ce que Mauss a qualifié au début du siècle de *potlatch*, le don profite d'abord au donateur. Mais l'ignorance d'une main par l'autre est énigmatique. Ce que prend l'une (inputs) doit être donné sans mesure (outputs). Qui sait ? Où cela se sait-il ? L'effacement du donateur empêche toute comptabilité et il était certainement beaucoup plus prudent d'attendre le salut de la foi plutôt que des œuvres.

C'est là qu'intervient génialement Adam Smith, il tire d'un mauvais pas, avec cent cinquante années d'avance, le sociologue Max Weber, lequel malheureusement s'en était tenu essentiellement à des événements concomitants qu'il s'était efforcé d'expliciter, à l'aide d'une sorte de dialectique de la prédestination, qui réduisait le calvinisme au seul Calvin puisque, dès Théodore de Bèze, le renversement avait opéré. En fait, selon Adam Smith, il est tout à fait impossible de savoir avec certitude ce que sont prendre et donner. Fabriquer, est-ce prendre ou donner ? Le sujet économique agissant dans son intérêt bien compris, au moment même où il devient le centre du monde, l'unique détenteur de la décision, ignore radicalement ce qu'il fait. Il n'est d'ailleurs rien de plus qu'une main, terme métonymique que Smith utilise très souvent pour désigner les hommes au travail. Le lieu du mystère, car la main qui prend peut ignorer ce qu'elle donne et il se peut que ce soit exactement le même acte. La main invisible n'est ni gauchère ni droitière, ni grecque ni juive, ni mâle ni femelle, elle justifie. D'où cette conclusion que ne renierait en rien la mystique : « Il ne pense qu'à son propre gain, en cela comme en beaucoup d'autres cas, il est conduit par une main invisible à remplir une fin qui n'entre nullement dans ses intentions ; et ce n'est pas toujours ce qu'il y a de plus mal pour la société, que cette fin n'entre pour rien dans ses intentions. » [1]

1. Adam Smith, *La richesse des nations.* « Trouver la référence », se dit-il.

Deux figures distantes

Le matin, il fallait sortir. La porte ouverte laissait l'air froid entrer, c'était la première sensation agréable. L'odeur de la terre ensuite qui, progressivement, emplissait tout. Le paysage était embrumé d'une sorte de lacis flottant. Il révélait, çà et là, des pans de collines, des mamelons érodés. Rien de tout cela ne se tenait. Seul un regard panoramique inventait le paysage qui se rapprochait jusqu'à ses pieds et même dessous la semelle, lorsqu'il entreprenait de fouler le chemin. Il fallait de bonnes chaussures solides. Elles serraient le pied jusqu'au-dessus des chevilles, doublées pour éviter l'humidité. L'eau et la sueur ne font guère bon ménage. Sous la semelle, le dessin était profond et marqué de croix. Le chemin s'y incrustait, il fallait au retour les laver dans l'évier, alors une partie du chemin disparaissait dans les canalisations. Un circuit d'arrachement et de sédimentation. En fait, le chemin n'existe que sous mes pieds tandis que j'avance. Si je m'étendais dans l'herbe froide ou dans la boue, mon corps tout entier serait désormais le chemin; si je m'enfonçais dans la terre, le chemin serait bientôt incarné et il faudrait m'extraire, puis me radiographier pour le trouver : mon squelette et toutes ses bifurcations. La jointure des côtes, les mains ouvertes. Il avait vu à une exposition de peinture d'Erro, un squelette à genoux devant un homme au pantalon baissé. Rien ne lui avait paru plus obscène. C'était sans doute drôle et sinistre à la fois mais surtout, on comprenait bien que la mort n'est pas ce que l'on croit; elle se soucie plus des humeurs que du souffle. Ceci, il l'avait noté sur son carnet. Bientôt il arrivait dans la forêt, essentiellement des arbres à feuilles caduques, un sous-bois de châtaigniers. Un lieu pour se perdre. Des sentes étroites le reliaient à l'ensemble de la communauté humaine. D'autres hommes étaient passés par là ou peut-être des animaux. Il s'arrêta pour écouter le silence. Ce qu'on appelle le silence, quand on n'entend plus les moteurs des voitures. Une autoroute passait à quelques kilomètres et, selon le sens du vent, parvenaient des effluves de vie urbaine. Le vent lui-même était bruyant, il transformait tous les sons en souffle. Il les absorbait pour en faire du vent. « C'est du vent. » Ainsi toute la création avait pu instantanément, devenir un peu de vent. À ce moment il ferma les yeux. Un oiseau battit de l'aile près de lui puis s'envola. Un oiseau à la couleur indéfinissable. Une tourterelle. Il sentait son sang dans sa tête. Ses oreilles bourdonnaient. Il avait longuement marché et le fait de rester immobile un instant, lui donnait le vertige: trop d'oxygène. Il haletait un peu. Bientôt il découvrit qu'il faisait nuit. Il n'avait pas de torche, mais un peu de tabac, quelques allumettes dans son sac. Il s'assit sur un tronc et attendit.

Il n'avait pas de descendance. Le seul enfant qu'ils avaient eu était mort quelques jours après la naissance. Lise et lui avaient croisé leurs chemins mais aucune bifurcation nouvelle ne s'était fait jour. Il se trouvait maintenant sur un sentier qui ne dépassait pas les pointes de ses chaussures. Il ne savait pas pourquoi il devait mourir. L'amour et la mort sont indissociables, ou plutôt, la reproduction sexuée et le désassemblage progressif. Engendrer, c'est déjà accepter sa propre décrépitude et la gravité féminine (et sans doute aussi la légèreté) tient à ce sentiment plus précoce. Les femmes ne sont pas faites pour avoir des enfants, arguait Simone de Beauvoir, mais y renoncer ne donne pas l'immortalité. Peut-on vouloir vivre plus que ses enfants ?

Il se souvenait que son père disait quand il avait onze ou douze ans « les enfants poussent et nous poussent ». Au départ, il avait interprété cette parole comme le signe de la perception du vieillissement et avait été surpris que son père, encore si jeune, lui semblait-il, y pensât. En fait on pousse vers quoi ? Seule la fosse amortit la poussée. À cette époque, il prit conscience que, si tous les hommes du passé avaient été présents, ils n'auraient pas trouvé de sol pour poser le pied. La poussée constante de la vie était foncièrement mortelle et déjà, l'enfant juste né portait les stigmates de sa propre mortalité. Donner la vie, c'est aussi donner la mort.

Il pensait au tableau de l'Annonciation peint par Domenico Veneziano. Cela, la Vierge Marie l'avait-elle mesuré, au moment où l'archange s'approche et lui dit qu'elle est enceinte ? Dans l'extase sexuelle — petite mort — on est déjà au cœur du problème. Le tableau de Veneziano peint deux figures distantes.

Il se disait : Freud a mis en évidence le lien qui unit Eros et Thanatos mais il nous dit aussi quelque chose de beaucoup plus inquiétant. La névrose est constitutive de notre condition d'homme. Il n'y a pas de bonne éducation, pas plus qu'il n'y a de bon Eros ou de bon Thanatos. Ça pousse, c'est tout. En fait, la névrose est ce progressif dégoût des choses qui fait que nous ne regrettons pas de n'être pas immortels. Le désenchantement, par lassitudes successives, nous réduit. Il faut se résoudre à la maîtrise totale d'un domaine de plus en plus limité, jusqu'au moment où la monomanie nous tient entièrement. La monomanie comme seule activité cérébrale. Là il ne reste plus qu'à couper le fil ténu qui nous reliait au reste des hommes. Cette déjà mort avait été si tôt présente, si tôt pressentie que retrouver des années après le souvenir de ma chambre d'enfant me faisait éprouver des frissons. Une sorte de dégoût puissant.

Il continua son chemin et dit tout haut : « Pas même un bâton pour marcher. »

Le panoptique

Que l'éducation et la prison puissent se retrouver réunies en un même concept, ou reliées d'une manière ou d'une autre dans une quelconque coopération, peut sembler paradoxal. Pourtant toutes deux sont des services de l'État : punir et éduquer sont des tâches régaliennes qu'aucune autorité responsable ne saurait négliger sans faillir et surtout, elles procèdent, depuis l'époque où la raison a présidé à l'ordre de nos destinées, d'une organisation panoptique. Beaucoup de prisons sont, à quelques décennies près, contemporaines des grands lycées de la République, des constructions hospitalières. Il est vrai que, dans les établissements d'enseignement, les parloirs sont beaucoup plus nombreux, ils occupent presque 80 % de la superficie. Par contre, le kilométrage de couloirs est à peu près équivalent et les positions stratégiques comparables. Le directeur de la prison dominait des bâtiments fermés autour d'une cour étroite tandis que le proviseur du lycée pouvait jeter par sa fenêtre, un regard apaisé sur un espace, certes clos lui aussi, mais planté de platanes qui, malgré leur alignement, avaient poussé chacun d'une manière propre, si bien qu'à contempler leurs frondaisons le regard pouvait se perdre ou s'amuser.

Le directeur de l'hôpital travaillait lui, dans un bureau ultra moderne ; l'hôpital avait quitté ses anciens bâtiments depuis déjà presque quinze ans. La structure du panoptique n'est guère compatible avec l'imagerie médicale moderne. Quand on vous introduit des tubes d'acier dans le corps par des orifices, naturels ou non, on se soucie bien peu des planches d'anatomie de l'*Encyclopédie*, du panoptique et tout le fourbi. On se déplace comme avec un fil vivant dans des boyaux palpitants, on opère avec des micro-moteurs, les membranes se tendent, les machines retrouvent leur chemin à l'envers et on repart en bonne santé avec le film de l'opération. Un monteur a ajouté un fond musical. Il y a des explications. On fait un clip. C'est un peu comme au supermarché, il y a les réseaux, les têtes de gondoles, les flux tendus, sauf qu'ici se tend la chair amoindrie puis réparée. Elle se sépare en bourrelets subtils, sous les ciseaux adroits d'une machine téléguidée. Quand tout est terminé, on tend son papier aux guichets, comme au service après-vente d'un supermarché, on attend un peu et on repart sans rien payer parce que c'était encore sous garantie.

Qu'était devenu l'ancien hôpital et sa structure panoptique ? On y avait installé, provisoirement, mais malgré tout avec des aménagements considérables, la direction de la culture. L'édifice, comme la prison et le lycée, datait de la première moitié du XIXe siècle ; curieusement le panoptique s'était vidé : la cour avait été partiellement pavée, elle avait laissé la place à une sorte d'aménagement paysager, qui évoquait, tour à tour, et selon l'angle considéré, un jardin japonais, une place romaine et une esplanade de Mac Donald. Le dernier angle était orné d'une sanisette à échelle 2, moulée dans du plastique, réalisée par un artiste dont c'était la spécialité. Un sponsor éclairé l'avait généreusement offerte. Elle fonctionnait parfaitement bien mais restait peu utilisée. Les pavés de marbre blanc avaient été importés d'Italie. On les avait posés sur un lit de sable, en alternance avec des plaques coffrées de ciment brut. L'architecte rénovateur, un épigone de Scarpa, avait réussi à neutraliser le panoptique : les fenêtres avaient toutes été bouchées, remplacées par des meurtrières latérales et des puits de lumière zénithale. Il ne restait, désormais, plus grand chose de commun entre la prison construite en 1840 et ce superbe édifice, à peu près contemporain, mais entièrement métamorphosé il y a dix ans pour sa nouvelle affectation et inauguré en grande pompe, aux petits fours et au champagne, devant une assistance choisie, sauf peut-être une commune et constitutive cruauté.

Le fait que la culture ne puisse entrer dans le panoptique justifiait pratiquement le caractère marginal de ce tardif service de l'État, créé après la guerre, pour effacer une décennie de veulerie et de lâcheté. Pourtant, aucun ministère n'était aussi strictement régalien que celui-ci. En effet, l'organisation du divertissement figurait à la fois l'affirmation ultime et la négation de l'État. Louis XVI ne le comprit pas, même quand les hordes parisiennes arrivèrent à Versailles, alors que Louis XIV avait organisé la plus grande infrastructure culturelle de son époque. Il faut dire, pour sa défense, que contrairement à son arrière grand-père, il n'était qu'un piètre danseur, sans doute en raison d'un phimosis serré qui lui fit perdre simultanément la noblesse du menuet et la lascivité de la tarentule. Ceci le contraignit à jouer au serrurier au Petit Trianon.

Il restait toutefois au conseiller artistique, contractuel de son état, révocable à merci, – c'était bien les seuls traits qui le rattachaient encore à l'espèce des saltimbanques – ce qu'on aurait pu formuler ainsi : le désir du panoptique. C'est peut-être ce qui décida ce personnage, peu excentrique, mais atypique en raison de l'importance des fonds qu'il gérait mais aussi de l'irresponsabilité fondamentale de son statut, à se lancer dans une entreprise qui s'intégrait parfaitement dans le « projet du troisième millénaire ». Il adressa à toutes les administrations, y compris celles qui dépendaient de la justice ou du ministère de l'intérieur, mais aussi aux grandes sociétés d'économie mixte, aux chefs de district, un courrier circonstancié. Ainsi un matin, une lettre de couleur gris clair avec un logo inhabituel parvint sur le bureau du directeur de la prison. Une enveloppe estampillée de la direction des affaires culturelles.

Celui-ci prit le courrier, le contempla un instant avec une nuance de mélancolie. Pourquoi tout candidat à des postes de responsabilité dans la fonction publique rêve-t-il volontiers d'un poste au ministère de la culture, dans une alliance française d'un pays en voie de développement, au climat chaud, bénéficiant d'une infrastructure confortable et de la paix civile assurée par un dictateur bienveillant ? La direction d'une prison ne paraissait pas aussi attractive, pourtant c'était indéniablement un secteur d'avenir voué à un certain développement. La population carcérale augmentait constamment alors que l'influence de la France déclinait. Viendrait un temps où les fonctionnaires expatriés dans des pays de rêve seraient obligés de rentrer en métropole et là, ils ne trouveraient plus que les restes : une prison à Marvejol, un service social dans une cité-dortoir. Cette idée ne le consolait pas.

Sa rêverie fut arrêtée par une sorte de contemplation morne. Son regard planait au-dessus des bâtiments, tout semblait inerte. Il se reprit et se dit qu'une opération serait bienvenue, surtout si le financement était assuré sur d'autres fonds. Il avait quelques soucis : la prison était vétuste, décatie, les crépis salis ou gonflés par l'humidité. Il eut aussi le sentiment que, pour une fois, on ne l'avait pas oublié. Les programmes de formation proposés aux prisonniers ronronnaient un peu. Les statistiques étaient sans appel : baisse de la fréquentation des cours constante, - 0,71 % l'an passé, - 0,60 % l'année d'avant, alors que le taux de scolarisation des entrants était en constante progression. Le spécialiste du Hoggar n'avait trouvé aucun amateur. La consommation d'alcool augmentait et le nombre d'incidents également. Rien d'exceptionnel en regard des normes nationales et même, des résultats un peu supérieurs à la moyenne pondérée. Il fallait en effet introduire un coefficient pondérateur car la densité était un élément décisif. À ce titre, les résultats de la Lozère par exemple ne pouvaient être comparés à ceux des grandes couronnes urbaines. Il y avait pourtant un chiffre dont l'orientation ne variait pas : il y avait de plus en plus de prisonniers. L'effet dévastateur de la densité dehors, accentuait l'effet dévastateur de densité dedans. Il avait fallu aménager un salon familial avec un lit à deux places. Il ne suffisait évidemment pas et les détenus devaient s'inscrire presque deux mois à l'avance. Le plus frappant était qu'une vie radicalement différente se construisait dans les murs, elle semblait annonciatrice de ce qui arrivait dehors. Il avait lu, il y a longtemps, *Tristes tropiques*, la description des villes indiennes l'avait écœuré. La prison, c'était exactement cela: une ville en raccourci, un concentré, un ersatz. Une société de câblage avait proposé un forfait intéressant et la plupart des prisonniers avaient maintenant la télévision dans leur cellule. La situation était globalement acceptable mais terriblement terne. Presque aucun détenu remarquable, des vols à la tire, des récidivistes minables, des homicides maladroits, le plus souvent sans préméditation, plus un ou deux psychotiques. Et puis cette ville ne lui plaisait pas. C'est ainsi que l'événement fut pressenti. Mais avec qui l'organiser ? Le directeur réfléchit aux moyens humains qu'il avait à sa disposition.

Les visiteurs de prison sont une catégorie d'êtres humains tout à fait étrange. Leur excellente moralité et leur dévouement extrême les amènent à côtoyer la lie de l'humanité. Du moins, c'est ce qu'ils croient car souvent cette lie n'a rien de spécifique. Peu à peu, ils prennent les manières du milieu, de ce qu'ils croient être le milieu car il s'agit là encore d'une fiction pour personnes respectables. Ils miment ce qui n'existe pas, des paroles, des récriminations, seulement ce sont des délinquants sans crime ni délit, marqués par une sorte d'incapacité congénitale à faire le mal mais aussi à concevoir quoi que ce soit. Leur vertueuse perversion a déjà épuisé chez eux tout potentiel de négativité. On ne pourrait aucunement compter sur eux. Les animateurs étaient de la même eau, à peine marqués par le caractère vénal de leur emploi. Il faut avouer qu'ils étaient payés si peu que c'en était quasiment un sacerdoce. Leur salaire eût-il été suspendu qu'ils se seraient présentés, quelques jours plus tard, comme visiteurs de prison ou bénévoles. Ils ne voyaient les choses que sous l'angle de la réinsertion et acceptaient de sacrifier leurs week-ends pour rencontrer des associations, élaborer des projets. Cela se développait, fonctionnait un moment puis périclitait invariablement et il fallait tout recommencer. Les anciens détenus sombraient dans l'alcoolisme, la drogue, la léthargie. Ils commettaient une nouvelle maladresse ; on les retrouvait assis, prostrés au milieu d'une mare de sang. Ils avaient éventré leur ancienne compagne, celle qui fidèlement les avait soutenus pendant les années de détention. La gratitude était insupportable et pire encore, l'illusion entretenue selon laquelle la vie existait encore au dehors. Cela ils l'avaient éprouvé. Ceux qu'on avait réussi à recaser dans un petit boulot se retrouvaient au bout de trois mois au RMI, troquant ainsi leur enfermement contre la « camisole sociale ». Si l'État accepte de vous loger et de vous nourrir gratis dans les murs, pourquoi ne le ferait-il pas au-delà ? Souvent les prisonniers, sur le point d'être libérés après une longue peine, appréhendaient la sortie, ils ressentaient cette injustice qu'on éprouve à être jeté dehors. Les gens sont hostiles ou indifférents, il faut travailler pour vivre et pour manger. Quelle faute avaient-ils commise pour en être réduits à cela ? Ils découvraient que la liberté était bien pire que l'enfermement : sans amis, sans famille le plus souvent, ils n'étaient plus que des individus errants. Des bannis dont l'Enfer même ne voulait plus. Le directeur savait que le terme de « camisole sociale » faisait scandale et jetait, sur celui qui l'employait, l'opprobre des bienveillants. C'était oublier que la camisole contraint le corps mais couvre aussi sa nudité. Le tissu de lin rêche et serré est parfois la seule chaleur qu'on puisse attendre. La « camisole sociale » était un filet de sécurité, la justification ultime de l'État. Juste ce qu'il faut pour accepter ce qui n'est pas exactement une vie, sans qu'on puisse le désigner sous un autre nom. Le plus juste prix que l'État acceptait de payer pour que les indésirables restent chez eux à économiser leurs calories, ce qui garantissait, au plus juste, la valeur des marchandises. Une gestion de la pauvreté à zéro stock, en flux tendus. Ceux qui croyaient en profiter sans travailler, les marginaux, les contestataires, les néo-babas, étaient au final imbibés d'idéologie libérale la plus ultra. Si soudain on avait aboli le RMI, on se serait rendu compte que l'État avait cessé d'exister. Peut-être même les murs de la prison se seraient-ils dématérialisés, envolés. Seul aurait subsisté le crépi lépreux, une enveloppe extrêmement fine qui se serait progressivement désagrégée et aurait recouvert le sillon des fondations de l'édifice carré. Romulus aurait laissé tomber ses outils pour retourner dans la forêt, parmi les loups.

De tout cela, le directeur, qui avait suivi des études de gestion administrative à un niveau justifiant sa compétence, avait une conception assez précise. Il était un peu effrayé par l'idée que la défense même de l'État impliquât qu'on participe à sa dilution. La prison était le rebut d'un système entièrement fondé sur la circulation. Les prisonniers des « incirculables », et quand ils étaient libérés, ils restaient marqués par la lenteur. La meilleure analyse de la prison, il l'avait trouvée dans le jeu de *Monopoly* ! Si on tombe sur la case « allez en prison », il faut passer trois tours ou jouer aux dés ! Pendant ce temps, les autres joueurs avancent et achètent tout. Quand on sort enfin, on est distancé !

Lui-même était bloqué dans sa carrière. Comment faire pour participer au mouvement général ? Il finit par proposer aux prisonniers une boîte à idées, matérialisée par une petite caisse de carton recouverte de papier adhésif couleur kraft, fendue d'un espace de 1 cm de largeur sur 10. On retrouva dessus, un petit graffiti qui évoquait une vulve et des poils autour de la fente. On remplaça le scotch brun et recouvrit la boîte d'un adhésif résistant aux feutres indélébiles.

La boîte se remplit alors de petites feuilles repliées en quatre ou en huit. Il y avait des dessins, des paroles décousues, des appels au secours, des injures, des obscénités. La boîte de Pandore.

Gisement

Ainsi la vie l'avait-elle mené d'effondrement en effondrement. Ce n'était pas une déchéance pourtant car le fond manquait pour qu'on puisse un jour le toucher. Ni un apprentissage. Il se disait : « Peut-être déjà l'assemblage des premiers éléments, les premières cellules. Un peu de sperme jeté sous la pression du sang dans l'antre féminine ouverte et accueillante sous l'effet de la pâmoison; les yeux ouverts qui ne voient rien. Le souffle du père qui s'est accéléré jusqu'au point où lui-même n'est plus que ce concentré de vie qu'il expulse pour concevoir, sans conscience, un être qui lui ressemblera. La vie rejette et c'est cela exactement la vie. Le nouveau-né expulsé et encore couvert de sang crie, il recherche l'air qui a déplié des poumons avec force. Il expire, il vivra ! »

Jamais il n'avait regretté d'avoir vieilli. C'était un processus qui vous usait. Le corps était maintenant un peu flasque, les muscles se vidaient sur les os. La peau avait progressivement changé de texture. Elle était devenue un peu grise. La lumière semblait se perdre dans les plis minuscules et les raies d'ombres, comme des traces au fusain, empêchaient qu'elles renvoient l'éclat de la jeunesse. Ses yeux aussi avaient un peu perdu de leur couleur. En fait, c'étaient les couleurs qui s'étaient affadies et sa chair optique, à la fois voyante et vue, n'échappait pas à la règle générale. Déjà son œil gauche ne percevait plus les rouges avec autant de vivacité que le droit. Il ne regrettait pas d'être ainsi car cela n'aurait eu aucun sens de redevenir jeune, même de quelques années seulement. Chaque effondrement lui était nécessaire et c'est ainsi seulement qu'il savait lutter contre le temps. Et contre la mort, qu'on ne voit que si on est jeune. Chaque effritement lui révélait ce qu'était exactement son corps, une veine gonflée, un pli de peau, un kyste minuscule qu'il sentait un matin en posant sa main sur sa nuque. Comme quand on grandit, on sait que le véritable corps est devant nous et le miroir nous renvoie à cette instabilité délectable, mais la « vieille peau » est déjà un peu visible. Les plis seuls nous sont personnels et les desquamations progressives nous révèlent, non pas la peau sous la peau, ni la chair à vif, mais le sens des limites de notre corps et, quand celui-ci en vient progressivement à défaillir, le corps qui gît dans le corps.

Pour préparer le terrain

Le directeur de la prison n'était pas exactement ce qu'on appelle un imbécile, si tant est que les typologies aient un sens. C'était un homme cultivé et, bien que ses goûts fussent plutôt classiques, il ne dédaignait pas les productions de son temps. Il y avait encore peu de temps, il aurait assez bien représenté la norme culturelle des fonctionnaires de l'État, mais aujourd'hui des hommes comme lui commençaient à devenir marginaux. La « culture légitime » s'effondrait partout, au grand dam des sociologues. Dans tous les ministères s'étaient imposées des règles nouvelles. Lors des réceptions officielles, il s'efforçait de bavarder un peu avec les représentants de la DRAC, ou autres organismes culturels, pour se tenir au courant. Aux vœux du préfet, après avoir scruté l'assemblée, il jeta son dévolu sur la personne qui lui semblait la plus à même de lui fournir les précieuses informations: un homme d'environ trente-cinq ans, très chic mais qui s'appuyait sur une jambe, ce qui le déhanchait légèrement. L'épaule droite penchait un peu et le visage s'inclinait aussi pour compenser. Tout ceci aurait été imperceptible à qui n'aurait pas été un franc physionomiste. C'était le conseiller artistique.

Un petit bavardage autour d'un verre de champagne et l'intelligence des choses est instantanée! Il était vital de créer des événements, les crédits abondaient. Il se dit que, dans tous les cas, cela coûtait beaucoup moins cher que la réfection des locaux de la prison. Plus une petite subvention peut-être. Pendant qu'il faisait un rapide calcul, il entendit quelques mots clefs qui ranimèrent son attention. Le conseiller artistique semblait vouloir en venir au fait.

– Voilà ce qui serait bien, un atelier théâtre pour préparer le terrain. Je connais quelqu'un de très bien, une jeune femme expérimentée, mais ce ne serait qu'un début, le mieux serait de combiner, oui… les technologies multimédia, l'Internet vous savez, en ligne, en même temps que dans la prison, pour bientôt, presque partout, très connu, vous connaissez ?

Le Directeur avait du mal avec la parataxe, elle lui donnait le mal de mer. Avait-il déjà trop bu ? Deux verres seulement. Il proposa quelques noms :

– Buren !

L'autre le considéra avec une moue d'ennui presque dédaigneuse.

– Vous n'y pensez pas, avec ses lignes verticales ! Dans une prison ! Peut-être pour les vêtements, remarquez !

Il s'esclaffa.

– Raynaud ! Lança le directeur.

– Alors là, ce serait vraiment concentrationnaire ! Vous voulez recouvrir les murs de votre prison de carreaux blancs, avec un peu de poudre bleue pour faire joli. On va tout de suite penser à un hôpital psychiatrique. Non, non, j'ai beaucoup mieux à vous proposer : le dévoilement du panoptique !

Il fut alors question d'un vidéaste qui n'utilisait que des modèles vivants. La prison allait enfin révéler son fonctionnement panoptique à la face du monde et, ce faisant, l'annuler car la révélation du panoptique livre la visibilité en personne. Un écran de grande dimension, sponsorisé, relié à des réseaux interactifs, un site Internet. On trouverait des bénévoles surdiplômés.

La personne chargée de l'opération sur place était une jeune femme. Elle préparerait le terrain. Elle avait de longs cheveux roux bouclés, qui retombaient sur son dos et sa carnation dénotait une consommation importante de lipides poly-insaturés, principalement des poissons gras comme le maquereau et le hareng. Une blancheur qui ne pouvait s'éprouver que par le tact. Cela F. le savait. Il l'avait retrouvée à la prison, elle animait depuis quelques semaines l'atelier « théâtre et expression corporelle » et beaucoup de détenus avaient soudainement manifesté un intérêt marqué pour l'activité. Ils ne se doutaient pas de ce qui allait leur arriver. La jeune et belle personne appartenait à la catégorie que les hommes désignent sous le terme d'allumeuse : le moindre de ses gestes, un léger basculement de la hanche, un bras levé, une moue, activaient chez chacun d'eux une activité presque immédiate. Il suffisait qu'on aperçoive ses yeux ouverts, la courbe de sa lèvre inférieure, la cambrure de son dos sous son pullover pour que tout être mâle ressente cruellement la privation originelle de sa côte. La douleur était difficilement tolérable. Le pire est qu'elle ne recherchait nullement la provocation. Les prisonniers devenaient doux comme des agneaux, ils accomplissaient tous les exercices, ils erraient en zigzag les yeux fermés, dans la cour de promenade, pour sentir la présence de leur corps dans l'espace, ils faisaient mine d'entrer dans une salle pour dire quelque chose. Mais la belle était un peu perverse, elle lançait un mot en l'air et demandait à l'un des membres du groupe d'improviser. C'étaient des petits sketches muets. Il y avait « plage » et le prisonnier mimait le vacancier ou le marchand de glace. « Boucher ! » Et on débitait une viande inexistante. Certains avaient le geste sûr et on pouvait presque s'y tromper tant l'ordonnateur du découpage accomplissait son travail avec sérieux. Un jour elle lança « prisonnier ! », tous se raidirent, « on ne peut mimer un prisonnier. »

— Et bien, oubliez ce que vous êtes ! Je ne vous demande pas de redevenir prisonnier mais de jouer comme vous l'auriez fait avant.

L'un d'eux, qu'elle avait désigné, s'exécuta de mauvaise grâce et mima une sorte de condensé de lieux communs : entre le condamné à mort de Victor Hugo et le

Comte de Monte-Christo qu'il avait vu à la télé dans une superproduction emphatique. Ce fut soudain très irréel. Le conducteur de la voiture-balai s'avança et dit :

– Vu que je suis innocent, je crois que je peux essayer.

Personne ne rit. L'homme était extraordinairement maigre. Il restait immobile, droit, tout son jeu tenait à ses yeux qui roulaient dans ses orbites. Puis il se mit à effectuer des rotations du cou. Le mouvement descendit comme une onde jusqu'à ses chevilles. Tous semblaient pétrifiés.

Le soir, elle se confia à F. :

– Tu sais, c'est fascinant d'amener des hommes qui ont à peine le certificat d'études, à formuler, même sans qu'ils en soient pleinement conscients, les situations les plus troublantes.

F. l'écoutait un peu sceptique. Cette jeune femme s'était introduite dans sa vie comme une grâce imméritée et cela même au moment où ils avaient fait l'amour, son corps d'homme penché sur elle, entrant en elle. Cela ne constituait pas exactement un échange symétrique. Elle lui dit :

– Tu sais qui va venir pour la performance ?

– Non.

– Belly Doll.

– Et c'est qui cette fille ?

– Tu ne connais pas ?

– Non.

– C'est une star du porno, elle travaille maintenant pour un artiste, un vidéaste américain, également photographe. Une idée du Conseiller artistique.

Les escargots sont-ils des escargots ?

Le commissaire avait reçu les quelques pages que le stagiaire lui avait adressées. Il ne regardait jamais son e mail, n'avait pas de fax chez lui. Le stagiaire avait dû écrire une lettre et l'envoyer par la poste. C'est amusant, se dit le commissaire car tout un ensemble de signes est amené à disparaître. Si on pouvait jauger une lettre avant de l'ouvrir, c'était désormais terminé. Un séjour au sein du service de la police scientifique avait aiguisé son regard. Il restait encore beaucoup de l'homme qui adressait une lettre anonyme : la marque de ses doigts, sa salive, son tracé d'écriture, l'angle du pliage des feuilles, l'orientation du timbre. Tout ce qui demeure d'un être déterminé par ses maladresses, ce qu'on nomme usuellement « personnalité ». Peu à peu, tout était entré dans des cadres standardisés ; les enveloppes avaient vu leur format se fixer, les fantaisies s'étaient révélées pour ce qu'elles étaient au fond, des options. Papier japonais, coloré, fleuri, fabriqué avec un moulin de pierre du XVIIIe siècle dans la tradition des papetiers du Bourbonnais… On ne se singularisait plus que par son choix, dans un ensemble donné de possibilités prédéfinies dont la combinaison seule était originale. Un esprit doué de raison (ou une banque de données), capable d'inventorier toutes ces possibilités, aurait ignoré la singularité de chacune. Il les prenait toutes et pouvait classer leur probabilité selon des critères d'âge, d'appartenance socioprofessionnelle. Le choix individuel devenait alors quelque chose de surprenant, ce n'était pas un savoir, ni une conjecture. Comme un personnage des *Mille et une nuits* devant cinq portes identiques, on hésite, on regarde. Laquelle choisir ? Il faut se fier à son premier sentiment, dit-on. Le hasard est avec nous. Une configuration du regard, un mouvement des vertèbres cervicales, un geste de la main, on s'approche, on pousse la porte; l'irréductible singularité de l'intellect passif en acte s'affirme en plein. Il n'y a rien à penser. Quand je retrouverai la raison, je pourrai rétrospectivement expliquer ma démarche, en ressaisir tous les moments, les analyser mais jamais expliquer comment l'acte a pu précéder sa possibilité. Un instant la porte reste ouverte sur ce qui n'était encore ni le jour ni la nuit, les lettres tracées à la main sont encore illisibles. Le blanc partout, le noir.

Il se dit: « Enfant, j'aimais regarder les escargots. » Après la pluie, ils sortaient dans l'herbe mouillée ou sur le mur du fond du jardin. On les capturait pour les mettre dans un pot afin qu'ils jeûnent et se vident. L'homme n'aime pas consommer les excréments des escargots, il leur trouve un goût amer et préfère les accompagner d'un beurre d'ail. L'escargot, malgré son aspect visqueux, est déjà une forme agissante. On m'avait expliqué que c'était un animal hermaphrodite, possédant à la fois des organes mâles et femelles. Le manque de rigueur logique de mes professeurs ne m'avait pas permis de comprendre précisément ce qu'on entend par « et ». En l'occurrence, l'escargot n'est pas mâle *et* femelle car si l'animal possède effectivement les deux sexes, il ne peut être alternativement que l'un ou l'autre. Toujours est-il que je m'étais imaginé que l'escargot se reproduisait lui-même, ce qui me plongeait dans la plus profonde perplexité.

Si tel était bien le cas, chaque escargot était une espèce à lui seul ou plutôt, générait une espèce. Ce foisonnement de singularités qui généraient d'autres singularités me paraissait extrêmement inquiétant. À chaque animal que je mangeais, je me rendais coupable de la destruction d'une espèce entière, pis encore, des multiples possibilités à venir. Mais une chose m'étonnait plus encore : comment les escargots sont-ils encore des escargots? Les petits gris paraissaient totalement insoucieux de leur particularisme. La réponse me vint bien plus tard, elle était délicieusement paradoxale. Pourquoi les Anglais, peuple résolument individualiste, acceptent-ils de vivre dans des maisons identiques, dans des rues toutes semblables ? Réponse : parce qu'étant individualistes, ils ne ressentent nullement le besoin de se différencier. Pourquoi le feraient-ils ? Les escargots étaient la première espèce animale à subir l'effet de masse. Ils étaient certainement doués de télépathie, leurs antennes constituaient un gigantesque réseau. Mais cela ne leur servait à rien car ils n'avaient probablement pas besoin de penser, juste de transmettre des informations. Leurs traces baveuses recensaient ainsi toutes les bifurcations élémentaires et cela, l'homme l'avait méconnu, il avait préféré chauffer des carapaces de tortue pour inventer l'écriture ou enfoncer des coins dans de la glaise.

Le stagiaire avait touché juste, il méritait qu'on lui apporte quelques éclaircissements. Si Adam Smith fonde son hypothèse sur l'égoïsme de chacun, c'est parce que six siècles plus tôt, un franciscain anglais du nom d'Occam avait fait la différence entre le droit de propriété et celui d'user. Il fallait en effet s'opposer à ceux qui prétendaient que le Christ n'avait pu manger sans posséder, au moins ce qu'il consommait. Sa thèse fut condamnée par un pape plutôt favorable aux théories thomistes mais la catholicité en fut gravement punie. Après une timide éclosion en Italie du nord, le capitalisme se développa en Grande-Bretagne alors que la péninsule italienne fut ruinée par les guerres. Soumise aux puissances extérieures, elle finit par sombrer dans la superstition, l'idolâtrie et vit son économie parasitée par les structures rampantes. Imaginez un gâteau, on en coupe une part. Est-elle à vous ? C'est votre part ! Voilà en gros la thèse thomiste. Occam ne niait pas que le pain nourrît mais il faisait de cette incorporation matérielle un « usage singulier ».

Autrement dit, l'ingestion n'est pas une appropriation mais un transit. Qui considère ses propres excréments comme singuliers ? La merde est à tout le monde. La fosse est commune. Les déchets humains sont de la matière, on fait du rouge à lèvre avec des placentas.

Là où Occam apporte quelque chose, c'est qu'il établit un droit singulier. Ce droit n'est plus pris dans les rets du monde, il appartient à l'individu et à lui seul. Désormais il ne devra plus rien à personne. Il pourra déglutir à merci et l'ascèse va, hélas, l'entraîner irrémédiablement vers l'obésité. Un paquet de cacahuètes à la main, muré dans sa cellule, il agite frénétiquement sa télécommande en maugréant.

Se relisant, le commissaire se dit qu'il avait peut-être abusé des métaphores et se fit à lui-même les quelques réflexions suivantes : « Il y a un moment où l'affirmation extrême de la spécificité semble se dissoudre. En cela, les traditions opposées, nominalistes et réalistes, finissaient par se rejoindre. On aboutissait à deux propositions : 1- L'individu est tellement singulier qu'il ne peut plus penser, les mots même lui tombent entre les dents, comme des pierres irréductibles. 2- La pensée est en dehors de nous et l'individu ne pense rien par lui-même. »

On en revenait toujours là. Des traces d'escargots sur les murs, des fosses d'excréments humains collectées pour l'épandage. Sade était le seul penseur qui ait accordé à la merde une place de choix. Il avait raison et répondait étrangement au Qohelet de la *Bible* : nous ne sommes que des mottes de terre. La dispersion des cendres était le rite des athées, souvent enclins à l'incinération mais le feu n'y changeait rien, ni la cuisson. Les anciens Grecs et Romains ne s'intéressaient pas à la pourriture, ils ensevelissaient leurs morts dans des mausolées. L'homme retrouvait son lieu de naissance pour ne pas perturber l'ordre des choses. Nous avons depuis, suivi bien d'autres chemins, poursuivi le démembrement jusqu'à l'obsession, pour répandre les restes humains sur l'univers tout entier. Un observateur signalait l'assombrissement de la couleur rouge de la lune au moment d'une éclipse. Ce sont les cendres qui flottent dans l'atmosphère terrestre et filtrent les rayons du soleil. Les restes des morts projettent leur ombre diffuse sur le satellite.

Le dévoilement du panoptique

Un grand nombre de prisonniers, en fait tous (347) moins deux qui étaient à l'infirmerie, se retrouva dans la plus grande salle de la prison, le réfectoire, qui servait aussi de salle polyvalente. Une sorte de hangar nu, très haut de plafond. Pour l'occasion, on avait installé un écran de grande dimension (2 m de haut sur 3 de large) sur une scène de taille assez réduite. L'éclairage était très étudié. Il y avait une véritable régie et des ordinateurs connectés entre eux. La municipalité avait prêté des gradins et plusieurs représentants des organes essentiels de la vie locale étaient venus. Tout à coup le noir se fit. L'écran s'emplit de marbre mouvant, des taches grises et blanches donnaient une image de ce qu'on appelle le « bruit ». La musique commença comme un foisonnement; on aurait dit des insectes qui hachaient de leurs mandibules des feuilles dures de laurier. Le directeur eut sans doute une réaction de surprise. Le conseiller était assis juste à côté de lui, il murmura d'un air entendu « Ligeti, *Poème symphonique pour cent métronomes* ». L'image des insectes s'effaça mais on ne pouvait se représenter les métronomes. C'était bien un mouvement de hachoir. Les métronomes hachaient du temps. Le nom de Ligeti n'était pas inconnu au directeur mais ce n'était pas exactement son style de musique. Il préférait Brahms, Debussy à la rigueur. Le reste l'ennuyait profondément. À cet instant, il avait envie d'écouter *La Cathédrale engloutie.* Il se mit à penser à *Pelléas et Mélisande,* la scène où Mélisande se penche à la fenêtre.

Belly Doll apparut, elle était complètement nue et même, plus que nue : son corps était totalement dépourvu de poils, sa vulve, ses aisselles, probablement grâce à des méthodes électriques, mais aussi son crâne, rasé, absolument lisse. Les sourcils étaient épilés et on ne discernait plus qu'un bourrelet de chair qui suivait la courbure de l'os frontal. Elle n'avait pas de cils. N'eussent été sa rondeur, le poids de ses seins et la plénitude de son ventre, on aurait pu croire qu'elle suivait une chimiothérapie ou qu'elle sortait d'une expérience, dans un vague laboratoire pour extra-terrestres. On venait à l'instant de nous la restituer en parfait état de marche. Son ventre avait fait sa célébrité, son orbe, à peine amorcé, évoquait infailliblement une grossesse de quatre ou cinq mois. C'est pour cette raison qu'elle s'était lancée dans l'industrie pornographique et avec succès. En peu d'année, elle avait tourné 60 films, soit 90 sodomies, 130 fellations, 180 copulations ordinaires, ou à deux ou à trois. Ce qui avait fini par procurer un CV tout à fait convenable à cette étudiante en arts plastiques, qui avait du cœur à l'ouvrage et passait ses week-ends à lire des romans de Virginia Woolf.

La salle se fit instantanément silencieuse. On n'entendait plus que le fourmillement des métronomes qui devinrent, à cet instant, extraordinairement distincts. La caméra, à côté de la scène, suivait les mouvements de Belly Doll. Il y avait interaction entre les deux systèmes : le premier vivant, le second, un programme qui réagissait en temps réel aux agissements du premier. C'était une sorte de chorégraphie à la fois improvisée et prédéterminée.

Le directeur de la prison se souvint soudain du nom de la performance, c'était *Interface skin peep*. Un curieux nom dont le sens lui avait tout d'abord paru insignifiant. Il avait changé d'avis. Il retint son souffle et se dit : « C'est sûr, je vais être muté à Marvejols. » Cette idée l'obsédait : les herbes de Provence, les paysages calcaires ou schisteux, l'accent méridional. Tout ce qu'il détestait. Ce n'était même pas la Provence, il y faisait froid l'hiver. La musique de Ligeti était terriblement enivrante. Il y entendait tantôt les cigales de Marvejols, tantôt la vigoureuse poignée masturbatoire des prisonniers qui bruissait sous la fascination du désir. Belly Doll se mouvait mollement, son corps était si souple qu'on l'eût dit désossé. Elle penchait la tête, écartait les jambes, s'inclinait sur le dos, toute désarticulée, l'écran montrait son sexe, rond comme une conque aux bords ondulés, dont la chair délectable déborde un peu. Elle était lisse et rose. Le conseiller murmura : « *La naissance de Vénus* », et un peu plus tard « *L'origine du monde.* » L'extraordinaire pouvoir de l'art contemporain tenait à sa faculté référentielle presque infinie. Chaque mouvement de Belly Doll était un hommage, une allusion. Elle apparaissait découpée en insert sur l'écran géant et le grain de sa peau était visible. On sentait le sang circuler sous l'épiderme qui rougissait légèrement sous l'effort. Parfois, une goutte de sueur perlait et s'écoulait en travers du carré de peau, elle dessinait des bifurcations multiples, puis disparaissait en dehors du champ.

Le directeur de la prison se disait : « Ça va être l'émeute, les détenus vont secouer les gradins, tout va s'effondrer. » Lui-même se sentait furieusement excité. Rien ne se produisit. Dans la salle, le silence était maintenant total et chacun entendait dans ses oreilles le bruit de son sang qui circule dans les artères. Son voisin l'interrompit un instant dans sa méditation : « Le processeur est un RISC, un CISC n'aurait pas suffi. » Il acquiesça.

Il n'avait pas été particulièrement bon élève à l'école mais une phrase lui revint à l'esprit : « L'art est pour nous quelque chose du passé », une citation de Hegel, ou d'un autre, il n'en était pas sûr. C'était exactement cela, Belly Doll accomplissait, dans sa désarticulation, une sorte de récapitulation de l'art depuis les origines. Tout y passait : les formes féminines de la préhistoire, les figurines en biscuit du XVIIIe, les vierges préraphaélites, c'était un vrac incroyable et terrible. Le conseiller continuait son imperturbable énumération : « *Le cauchemar* de Fussli, l'*Ève* de Cranach, *Le nu descendant l'escalier*, etc. »

À un moment la lumière devint plus pâle, le spot qui nimbait Belly Doll prit une tonalité grise. Son corps se mouvait désormais dans une certaine opacité. On la vit prendre dans ses mains une sorte de tige métallique, qui ressemblait à un flexible de douche en plus fin. Au bout, il y avait une petite lampe qui éclairait le corps et, on le comprit immédiatement en regardant l'écran, une caméra. Belly Doll devint lascive. Elle promenait l'instrument sur toute la surface de sa peau. Le directeur se raidit s'attendant à de nouveaux outrages, mais le conseiller qui avait dû percevoir ce léger mouvement de réticence, le rassura immédiatement: « Ne vous inquiétez pas, tout va s'arranger, il y a un contrat. » De fait, elle avala le flexible comme pour un tubage en déglutissant délicatement. Sur l'écran, on vit d'abord sa bouche, ses amygdales qui s'écartèrent comme des portes de chair. Puis ce fut l'œsophage, le tube digestif. Il y eut un moment extatique lorsqu'on découvrit les membranes rosées qui ondulaient légèrement. Le directeur se demanda un instant si les couleurs étaient réalistes. Leur vivacité était peut-être due à l'acidité du milieu, dans tous les cas c'était très beau. Le tube s'enfonça encore, découvrant l'intérieur de l'estomac. C'était fascinant. Bien qu'on reconnût encore quelques aliments épars dans la masse en pleine digestion, on se retrouvait indéniablement au cœur même de l'abstraction organique. Le directeur se rendit compte qu'il était en sueur et que toute excitation l'avait abandonné. Le conseiller proposa : « Jackson Pollock », mais du bout des lèvres cette fois.

Le vidéaste apparut alors sur la scène pour la conférence débat qui suivait. C'était un américain d'origine japonaise. Sa famille avait émigré au XXe siècle. Il portait un prénom américain, était vêtu sobrement avec, pour seule fantaisie, des lunettes fumées. Il présenta son travail dans un français assez bien maîtrisé, malgré un fort accent. Le directeur avait du mal à comprendre ce qui se passait exactement. Il se rendit compte que le vidéaste avait cessé de parler, il attendait des questions.

La première vint du fond de l'assistance :

– Comment situez-vous votre travail par rapport à celui de Name-June Paik, est-ce votre principale influence ?

Le directeur surpris, tourna la tête pour identifier le questionneur. C'était un grand type émacié, multirécidiviste, un violeur, un assassin qui coupait ses victimes en deux après leur avoir extorqué leur numéro de carte de crédit. On en avait retrouvé cinq moitiés dans son congélateur. Il s'était fait pincer lors d'une panne d'électricité qui avait duré quatre jours, des voisins s'étaient plaints des odeurs.

Le vidéaste répondit :

– L'influence de Paik est certes indéniable, mais mes références sont plutôt musicales, je pense à *Répons* de Boulez. Les interactions de la... (il hésita un instant) danseuse et de la machine sont assez proches de ce qu'ont tenté des musiciens comme Boulez, mais aussi Cage avec Cunningham.

Rapidement, il se mit à monologuer sans se soucier de l'assistance. Pendant ce temps Belly Doll avait passé un pull blanc en angora, elle semblait transie de froid et se tenait coite sur une chaise.

– Vous parlez de Boulez, pourquoi alors avoir choisi une musique de Ligeti ?

Le directeur écarquilla les yeux, c'était un des détenus les plus violents qui s'exprimait à présent. Un homme brutal et vindicatif, qui maltraitait systématiquement ses compagnons de cellule. Lui aussi un buveur de sang, un mutilateur, un criminel. Décidément l'art n'était pas ce qu'il croyait et sa fonction pacificatrice bien moins assurée qu'il ne l'avait pensé. Il se demanda un moment si tout ceci n'avait pas été orchestré pour lui seul. On allait bientôt le voir à la TV pour la caméra cachée. Les compliments du préfet l'en détrompèrent à la fin de la soirée.

Il y eut pourtant, pendant la conférence, un moment qui frisa le scandale. Un prisonnier, plutôt tranquille, qui avait tué l'amant de sa femme, dans un moment de fureur jalouse, demanda à Belly Doll si elle jouait vraiment quand elle tournait des films porno. On faillit éluder la question impertinente et hors de propos, mais ce fut Belly Doll elle-même qui voulut prendre la parole et répondre. Elle se mit à parler et chacun vit alors qu'elle était encore nue, n'ayant d'autre vêtement que le pull angora.

— Voilà, dit-elle, c'est une question que je me suis souvent posée. Est-ce un jeu, est-ce réel? En fait les films porno ne sont pas ce qu'on croit, il y a les positions, les poses, c'est un vrai travail. On agite son corps mais ni plus ni moins (enfin toute proportion gardée) qu'un cascadeur. Le fait que cela se passe aussi à l'intérieur du corps ne change rien. C'est comme le prépuce qui couvre le gland, si vous permettez la comparaison, la muqueuse dessous est paraît-il très sensible, mais quand on circoncit, elle s'épaissit et devient comme de la peau. Je me souviens quand j'ai tourné mon dernier film, *Les remédiateurs immoraux*. Pendant les scènes, je pensais à tout autre chose, je révisais mes verbes irréguliers d'allemand. Cela maintient la concentration. Je n'ai jamais été aussi bonne qu'à ces moments-là. Par contre, je n'ai jamais compris comment on pouvait dire « je t'aime » avec les yeux mouillés de larmes, devant une caméra. Cela me paraît véritablement indécent. Et même vulgaire. Faire état de ses sentiments..., prononcer des paroles apprises...

Aujourd'hui, je me suis sentie si..., elle s'arrêta un instant... pleinement présente. C'était comme si mon corps avait disparu, je me disais : « chaque image sur l'écran me surexpose, je ne la vois pas, mais elle est comme un oracle. »

Oui ?

Le talon est la matrice du monde. Aucun joueur ne l'ignore. Toutes les combinaisons finissent par s'y résorber pour en sortir à nouveau. En lui git un amoncellement de vies inentamées, probables ou improbables. La répétition du jeu est à la fois, le retour des mêmes choses et à chaque fois le surgissement d'une configuration particulière. Cela tient dans le talon. Poker, tarot, bataille, peu importe ! Le commissaire jouait de temps en temps avec ses fils sur la table de la salle à manger ; il avait l'impression de continuer quelque chose qu'il avait entrepris dans son enfance. C'était toujours la même partie.

A la bataille, les cartes, les plis - quel jeu plein de plis ! - revenaient invariablement dans un ordre à peine décalé. Les gains deviennent des pertes car on accumule des cartes faibles, quand l'adversaire qu'on croyait réduire n'a conservé que les plus fortes. C'est un jeu stupide qui n'exige aucune stratégie, aucun calcul sinon celui que le hasard, ou plutôt l'habileté du batteur initial, a bien voulu nous accorder. Le commissaire se demandait d'ailleurs s'il y avait vraiment un batteur initial. Quand on décachetait le paquet de cartes juste acheté ? Les cartes avaient-elles été conçues les unes après les autres ou le jeu s'était-il révélé comme une totalité simultanée ?

Tout se régule ainsi, le remplacement des générations, la mort et la naissance, les cellules mortes de la peau. Le jeu était une sorte de desquamation du monde et celui qu'il tenait entre ses mains était déjà passablement écorné. C'est curieux comme l'accélération des cycles vitaux semblait coïncider avec un renouvellement plus lent des cellules. Le rythme du cœur s'accélérait, les années paraissaient de plus en plus courtes, les semaines passaient comme un week-end et pourtant toute sa morphologie était désormais empreinte d'une sorte de lenteur, qui gagnait progressivement des domaines nouveaux et inattendus. Il y avait des choses auxquelles il n'avait pas pensé qui un jour, se révélaient à lui. Un geste plus difficile. En marchant, il sentait maintenant ses mollets au bout de quelques kilomètres. Ce n'était pas de la douleur, ni de la fatigue. Simplement une partie discrète de son corps se rappelait à lui. Un jour se disait-il, tous mes membres et tous mes organes se rappelleront à moi. Ce sera le moment le plus fort de ma réflexion. Une réflexion sans aucune pensée. La chair irritée s'éprouve elle-même.

Il se trouvait à l'âge idéal, celui dans lequel les cycles de l'accélération et du ralentissement interfèrent presque parfaitement. Probablement ce que la sagesse populaire avait désigné sous le terme de « maturité ». L'idée selon laquelle l'homme gravit l'échelle de la respectabilité puis sombre dans la vieillesse n'avait plus aucun sens. Le jeunisme était l'exact pendant de la propension qu'avaient les retraités à dissiper leurs ressources dans des activités ludiques et sportives. Les premiers ne voulaient plus faire d'enfants, ils préféraient vivre leur adolescence jusqu'à trente-cinq ans et les seconds exploitaient sans vergogne tout ce qu'ils pouvaient trouver. Ils voulaient « profiter de la vie » et ils avaient déjà dépensé les ressources à venir. L'immaturité était l'état normal, le seul dans lequel on se reconnaissait désormais. La maturité, au contraire, apparaissait pleine de menaces. Les photos dans les journaux de bras sectionnés à la machette, de têtes coupées, de ventres déchiquetés par des armes automatiques passaient très bien auprès du public, qui faisait juste semblant de détourner la tête un instant. Guerre au Rwanda ou en Tchétchénie, maniaque sexuel, tout cela relevait du domaine du compulsif.

Il y avait quelque temps, un désespéré s'était jeté sous un train en pleine gare et le personnel avait dû ramasser des morceaux de corps épars. Le choc avait été si brutal qu'il était difficile d'identifier les parties du corps. Les cheminots avaient exprimé leur dégoût, on leur avait fourni des gants. Ils avaient mis les viscères dans un seau en plastique. Ç'aurait pu être un wagon qui avait perdu sa cargaison. Un seul avait tourné de l'œil, il était tombé sur une main presque intacte, tranchée au niveau du poignet.

La maturité inquiétait parce qu'elle ne promettait rien. Un visage d'homme ou de femme sur une affiche publicitaire. Un beau visage mais déjà quelques tracés sinueux, des plis de peau qui traduisaient le repos de la mimique comme un masque de gestes. Des vergetures sur un ventre gonflé. Quel en était le sens ?

Le commissaire contempla un instant sa femme et ses enfants. « La vie paisible », pensa-t-il.

Le téléphone sonna.

– Oui ?

– Un cadavre. Cela pourrait vous intéresser commissaire.

– J'arrive.

Il fut sur place en quelques minutes. Il avait pris des chaussures pour les chemins mais la terre était si gelée que les ornières s'étaient durcies. On risquait plus de se tourner la cheville que de se mouiller les pieds. L'inspecteur était déjà sur les lieux. C'était la campagne en lisère de ville. Des terres plus ou moins en friche. Les propriétaires attendaient que le plan d'occupation des sols déclare leur terrain « zone constructible ». En attendant, on trouvait quelques animaux errants, des chemins défoncés couverts de ronces, des prés à l'abandon, des ruines. Sur le sol, un homme gisait. Un homme c'était beaucoup dire, car ce qui restait, ressemblait plutôt à ce qui figure un homme : des vêtements, une vareuse, un pantalon et des chaussures pris dans la glace et dans la terre, comme si quelqu'un les avait disposés puis abandonnés là.

– La mort remonte à quand ?

– Plusieurs semaines au moins, des mois peut-être ! C'est un promeneur qui nous a avertis. L'identification ne sera pas facile. La cause du décès est presque impossible à déterminer. D'après ce qu'on a pu constater, il n'y que le squelette. Les muscles et les viscères sont dans un tel état qu'on ne peut les distinguer de la terre. Il n'y a plus que des lombrics ! On va l'embarquer, mais ce sera difficile, il ne reste que des os disloqués. Il y a des chiens abandonnés dans les parages, ils ont dû venir farfouiller ! Le légiste est passé avant le transport pour voir s'il y avait quelque chose à glaner sur place, un peu d'humus... Il pense que c'est un homme de plus de cinquante ans.

– Et dans les vêtements ?

– Pas grand chose. Pas d'argent, aucun papier. Un peu de sable dans les poches. On a retrouvé ça.

Le commissaire prit dans ses mains un petit objet de métal, une épinglette. Elle ne représentait rien. Il y avait juste un point émaillé de couleur noire.

– Il ne parlera plus.

– Il est mort, il n'y a pas de risques !

– C'est une voix qui se tait.

Le commissaire manipulait le petit objet de métal entre son pouce et son index. Ce point l'avait plongé dans la mélancolie.

– Personne n'a signalé de disparition ?

– Voici la liste, il y a neuf personnes, mais *a priori* aucune ne correspond. On va vérifier.

– Et les dents ?

– Le légiste à jeté un coup d'œil. Il n'y a pas eu de soins récents. Il va s'en occuper, on fera le tour des dentistes.

– Et l'ADN ?

— Cela ne devrait pas poser trop de difficultés. Les os sont plus ou moins brisés mais les échantillons restent frais.

Le commissaire se dit que le nombre de morts, dont la cause n'était pas élucidée, était certainement destiné à augmenter de manière considérable. Pour les crimes, c'était comme si le mobile manquait, et quand on en trouvait un, il figurait à la manière d'un alibi dérisoire. En ce qui concernait les morts naturelles, les hommes vôyaient leur durée de vie s'allonger mais du coup, se trouvaient plongés dans l'énigme. Sans cause ni raison, se dit-il. Le monde était en train de se modifier insensiblement et aussi les modèles qui le décrivaient.

Il n'y avait plus que des vies entrecroisées, des êtres qui se heurtaient en tous sens, suscitant de nouvelles subdivisions qui, à leur tour, couraient en tous sens. On avait longtemps craint la nuit, ce temps était définitivement passé. Aujourd'hui c'était la surexposition qui menaçait. L'énigme de la chair et de la pensée.

Inputs & outputs

Le stagiaire continuait ainsi : « Le consommateur moderne n'est pas seulement un agent final, il ne se contente pas de recevoir les produits ou les services qu'il achète, il est lui-même producteur d'une denrée qu'il est le seul à pouvoir consommer : la satisfaction. Tous les *inputs* sont autant de moyens intermédiaires pour fabriquer cette satisfaction dont il est l'unique destinataire. »

Ce petit déplacement n'avait l'air de rien, mais le fil était rompu. La main invisible se transformait indéniablement en concept masturbatoire. Qui peut mesurer ma satisfaction? Comment maximiser? Le prix Nobel d'économie de 1992, Gary Becker, avait proposé une analyse économique du mariage. Celui-ci, comme une petite firme, gérait les *inputs* et les *outputs*. Séparation des tâches, conditions privilégiées permettaient aux gens mariés de s'accoupler dans toutes les positions pour optimiser et améliorer le rendement de la firme. Ils profitaient pleinement des conditions préférentielles qu'ils s'étaient mutuellement accordées, pour le meilleur et pour le pire, car ils avaient souscrit une assurance qui garantissait la réversion des bénéfices, en cas de rupture. De ce point de vue, il n'y avait effectivement ni homme, ni femme, ni maître, ni esclave. Tous étaient un dans la maximisation, laissant sur les draps des traces humides. Le stagiaire repensa à ce que lui avait écrit le commissaire sur les escargots.

En fait, tous s'étaient radicalement trompés, Marx avec l'exploitation de l'homme par l'homme, Freud qui croyait naïvement que l'individu finissait par intégrer à son esprit les règles sociales et familiales à son insu. Tout ça, c'était l'obscurantisme moderne. L'homme est son propre marché, une main qui se prend et se distribue elle-même. Il n'y a qu'une seule chair et Shylock ne le sait pas. Le futur retraité investit dans des fonds de pension, il exige 15 % de rendement du revenu du travail d'un salarié, qui atteint difficilement 7 %. Le vieillard aux dents longues, dans la jeunesse de sa virtualité, épuise l'homme jeune qui s'use et meurt. C'était cela le salut sur terre, la Parousie. Le Messie en chacun de nous. Il se souvint de son petit texte écrit au monastère. Il l'avait gardé dans un tiroir. « Sauve » / « sauvé ! » Qui peut comprendre ? La doctrine de la prédestination, associée par Max Weber au capitalisme naissant, l'avait supposé maladroitement : certains changements d'état n'ont pas de commencement ; le temps s'anéantit en eux. Aucun interstice, rien! Ce ne sont pas des « états ». On utilise à défaut d'autre chose. Un jour il parvint à parfaire sa martingale, au point que tout octet disparut. Par un étrange phénomène de résorption, la disquette était désormais vide. Rien de tel pour prévoir l'instant. Il allait se livrer à la force du « moment ».

Lisa dormait dans la pièce à côté, il ouvrit la porte et se posa à côté d'elle. Il sentait l'odeur de son corps légèrement parfumé. Elle respirait doucement. Elle se tourna vers lui et l'attira dans ses bras. Ils ne dirent rien, s'étreignirent longuement puis s'endormirent.

Épilogue

Qu'est-ce qu'une singularité? Souvent le commissaire s'était posé cette question. Quand je dis « moi » ou « je », rien ne me paraît aussi singulier, et pourtant, chacun dit « moi » ou « je ». Rien n'est si commun, alors que justement je veux exprimer au moyen de ces mots ma réalité et mes pensées les plus personnelles. Ainsi je me dilue dans les mots les plus ordinairement partagés, puis me ressaisis.

Cette question me paraissait la plus préoccupante comme je m'en entretenais avec le jeune stagiaire. J'en parlais, alors même que la possibilité d'être compris me semblait faible et presque tendre asymptotiquement vers quelque chose qui n'avait pas pour moi de sens, juste un nom, mais rien n'est plus énigmatique qu'un nom unique, incompréhensible, illisible. Une sorte de concrétion minérale sur laquelle on bute quand on se promène sur un chemin de terre où la roche affleure. Un nom reste toujours quelque chose d'extrêmement pauvre car ça n'agit pas, ni ne fait quoi que ce soit.

Il aurait fallu pouvoir ne parler que par formes verbales. Sans mode, ni temps, ni aucun nom. Des verbes qui coupent, qui joignent et tordent, et tout se serait immédiatement trouvé coupé, joint et tordu. Le nom de Dieu ne pouvait être un nom. Un verbe qui coupe.

L'homme avait été chassé de l'Éden, mais il avait reçu l'Enseignement, puis il avait perdu l'Enseignement mais reçu la Chair. Elle lui était échue comme un mystère.

À un moment, l'extrême de la singularité égale sa disparition dans une pensée extérieure. D'où vient le salut, quel en est l'objet?

Le commissaire ramassa les cartes sur la table et les remit au talon. Le conducteur de la voiture-balai s'était pendu hier dans sa cellule, avec sa ceinture. Il avait laissé une note confuse dans laquelle il mentionnait la décision de l'oracle, de manière énigmatique. S'était-il sacrifié ? Le stagiaire venait d'être promu à une place importante. Le commissaire avait l'impression que quelque chose lui incombait, mais quoi ? Il écrivit quelques lignes dans la nuit, puis, se relut : « Si mes pensées ne m'appartiennent pas, à quoi bon les avoir ? Moi-même je ne m'appartiens pas et juste la grâce m'est donnée, un instant, de me savoir singulier. C'est ma vie dans les plis de ma peau, cousue dans mon sac, les yeux, les oreilles, la bouche, le nez, le sexe et l'anus aussi. Je suis en boule et mon abdomen se tord. Mes muscles se tendent. C'est cela ma singularité : mon point de basculement. Le vertige. L'abcès vidé, je me vide, les bras ballants contre mon tronc, et conçois des généralités. »

– Je suis désormais le veilleur, se dit-il.

Table des matières

Remerciements

L'édition, la composition et la réalisation de cet ouvrage ont été effectuées en P.A.O par Hélène-Nickie Athanassi, Agnès Boissière, Yves Cotinat, Anne-Lise Gautier et Nicole Robion dans le cadre de la formation aux métiers du livre Pro-Libris.

Voilà maintenant treize années que la formation Pro-Libris-Cecofop, cadre de la réalisation de cet ouvrage, est financée par le Conseil Régional des Pays de la Loire, le Fonds Social Européen et la Direction Régionale des Affaires Culturelles des Pays de la Loire.

Yves Douet et ses collaborateurs du Cecofop sont ici heureux de remercier, au nom des stagiaires, leurs fidèles partenaires pour la confiance qu'ils n'ont cessé de leur renouveler.

PRO-LIBRIS XIII
DIRECTION : YVES DOUET
COORDINATION : PATRICE VIART

ACHEVÉ D'IMPRIMER
EN MARS DEUX MILLE
SUR LES PRESSES DE L'IMPRIMERIE DE LA MANUTENTION
À MAYENNE POUR LE COMPTE
DES ÉDITIONS LE PASSEUR/CECOFOP À NANTES.
*
DÉPÔT LÉGAL : SEPTEMBRE 2000